# 쿠 바
CUBA

맨디 맥도날드, 러셀 매딕스 지음 · 임소연 옮김

세계의 **풍습과 문화**가 궁금한
이들을 위한 **필수 안내서**

세계 문화
여행

쿠 바
CUBA

시그마북스
Sigma Books

# 세계 문화 여행 _ 쿠바

**발행일** 2018년 2월 12일 초판 1쇄 발행

**지은이** 맨디 맥도날드, 러셀 매딕스

**옮긴이** 임소연

**발행인** 강학경

**발행처** 시그마북스

**마케팅** 정제용, 한이슬

**에디터** 권경자, 김경림, 장민정, 신미순, 최윤정, 강지은

**디자인** 최희민, 조은영, 김미령, 이상화

**등록번호** 제10-965호

**주소** 서울특별시 영등포구 양평로 22길 21 선유도코오롱디지털타워 A404호

**전자우편** sigma@spress.co.kr

**홈페이지** http://www.sigmabooks.co.kr

**전화** (02) 2062-5288~9

**팩시밀리** (02) 323-4197

**ISBN** 978-89-8445-936-6 (04900)

978-89-8445-911-3 (세트)

이 도서의 국립중앙도서관 출판예정도서목록(CIP)은 서지정보유통지원시스템 홈페이지(http://seoji.nl.go.kr)와 국가자료공동목록시스템(http://www.nl.go.kr/kolisnet)에서 이용하실 수 있습니다.
(CIP제어번호: CIP2017035117)

* **시그마북스**는 ㈜**시그마프레스**의 자매회사로 일반 단행본 전문 출판사입니다.

# 쿠 바 전 도

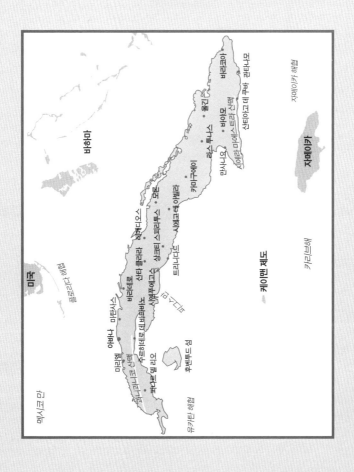

미국

멕시코 만

플로리다 해협

바하마

마탄사스
아바나
마리엘
피나르델리오
누에바헤로나
청년의 섬
콘솔라시온데수르
바타바노
산타클라라
산타도밍고
레메디오스
카르데나스
시엔푸에고스
트리니다드
상크티 스피리투스
모론
시에고데아빌라
카마구에이
라스투나스
올긴
방카
만사니요
바야모
산티아고데쿠바 관타나모
머나

유카탄 해협

케이맨 제도

카리브 해

자메이카

자메이카 해협

푸에르토리코

윈드워드 해협

# 차 례

추위에 지친 캐나다와 유럽 사람들에게 꿈의 여행지로 각광받고 있는 강렬한 태양의 메카, 쿠바는 카리브해에서 가장 큰 섬이다. 라틴아메리카 특유의 삶과 관능적인 음악, 긍정의 정신이 넘치지만 그와 동시에 끝을 알 수 없는 무력감이 느껴지는 이 나라에서 사람들은 역경이 닥쳐도 오뚝이처럼 일어서고, 물자가 부족해도 옛 물건들을 멋지게 고쳐 쓰며 살아가고 있다.

지난 50여 년 동안, 세상 사람들은 '쿠바'하면 쿠바혁명과 그 혁명으로 인해 초강대국 미국과 급랭과 화해를 반복하며 관계의 부침을 겪었다는 사실만을 떠올린다. 실제 소련의 핵탄두미사일을 쿠바에 배치하려는 시도를 둘러싸고 미국과 대치했던 시기, 양국의 관계는 최악으로 치달았고 전쟁 발발 직전까지 가기도 했다.

아바나의 해변을 따라 늘어선 저택 앞으로 잔뜩 녹이 슨 미국 클래식 자동차들이 요란한 소리를 내며 오가고, 배급 물품을 타기 위해 국영상점 밖으로 길게 늘어선 줄을 보면, 이 나라가 미국과의 통상금지로 소비재 수급이 쉽지 않고 자본 투자도 제한되어 있다는 사실을 다시 한 번 상기하게 된다. 하지만 지난 2015년, 미국 대통령 버락 오바마와 쿠바 지도자의 결단 아래 양국 관계가 역사적인 화해기로 접어들면서, 쿠바에도 진짜 변화가 도래하고 있다는 기대가 팽배하다. 사람들은 미국의 대쿠바 통상금지와 관광 제한 조치가 폐지되거나 현저히 완화될 것이라고, 또 쿠바인들도 자유롭게 여행을 다니고 자기 사업을 시작할 수 있게 될 것이라고 기대하고 있다.

기대의 이면에는 걱정도 있다. 변화로 인해 쿠바의 자랑인 의료와 교육체계가 흔들리는 것은 아닌지, 배급제가 없어질 경우 외화에 접근 권한이 있는 소수와 나라에서 주는 봉급과 연금으로 빠듯한 생계를 이어가는 다수 간의 빈부격차가 현격히 커지는 것은 아닌지 우려하고 있는 것이다.

피델 카스트로는 2008년, 동생 라울 카스트로에게 권력을 물려주고 반세기 동안 지켰던 권좌에서 물러났지만, 그의 그림자는 아직도 쿠바에 짙은 그늘을 드리우고 있다. 피델 카스트로는 세계 무대에서 미국에 정면으로 맞서 쿠바만의 독특한 열대 공산주의라는 개인적 실험을 감행했고, 쿠바 사람들은 아직도 그 실험이 가져온 결과를 감당하며 살고 있다.

　이 책은 쿠바의 역사를 소개하고 오늘날 쿠바가 문화적 생기가 넘치면서도 정치적으로는 타협하지 않는 국가가 되는 데 큰 영향을 미친 쿠바인들의 주요 가치관을 소개할 것이다. 쿠바인들의 일상은 어떠한지, 국가가 주도하는 사회체계 안에서 그들은 어떻게 살아가고 있는지, 어떻게 하면 북적이는 관광지 밖의 진짜 쿠바 사람들을 만날 수 있는지, 국가주도의 경제체제 아래서 사업을 한다는 것은 어떠한지를 소개할 것이다. 또 쿠바를 방문할 독자들에게 수십 년 동안 극심한 곤경과 물질적인 부족함을 겪었음에도 불구하고 낙관적인 인생관을 잃지 않고, 자신의 유산과 문화에 강한 자부심을 가지고 살아가는 무한한 능력의 쿠바인들을 소개할 것이다.

# 기본 정보

| | | |
|---|---|---|
| **공식 명칭** | 쿠바 공화국 | WTO, ECLAC, OAS, ALBA, UNCTAD, ACP 회원국 |
| **수도** | 아바나(라 아바나) | 인구 210만 명(2015년) |
| **주요 도시** | 산티아고 데 쿠바(인구 42만 6천 명), 올긴(인구 27만 7천 명) 카마구에이(인구 30만 5천 명), 트리니다드(인구 4만 5천 명) | |
| **면적** | 10만 9,884km² | 카리브해에서 가장 큰 섬 |
| **기후** | 열대기후, 12월~4/5월 건기, 6월~11월 우기 | 평균 최고 기온은 7~8월의 32℃, 최저 기온은 1월 21℃ |
| **인구** | 1,120만 명(2015년) | |
| **민족 구성** | 1990년대에 한 조사로는 물라토(스페인과 아프리카 혼혈 인종) 51%, 백인 37%, 흑인 11%, 중국인 1% | |
| **언어** | 스페인어 | 관광지에서는 영어 사용 |
| **종교** | 로마 가톨릭 인구가 가장 많고, 개신교, 복음주의 기독교, 여호와의 증인, 퀘이커 교도가 소수 존재하며 유대인 공동체도 작게 있다. 요루바 부족에게서 온 주술 신앙 산테리아도 널리 믿고 있다. | |
| **정부** | 쿠바공산당(PCC)의 일당체제로, 5년에 한 번 전국선거를 치른다. | 국가원수, 국가평의회 의장, 총리, PCC 제1서기, 군 최고사령관 모두 동일인물이다. |
| **통화** | 내국인용 화폐(CUP)와 외국인용 화폐(CUC)를 혼용한다. CUC는 미국 달러와 1:1로 교환된다. | 쿠바 국경 밖에서는 환전이 불가하다. 유로나 캐나다 달러를 환전할 때와 달리 미국 달러를 환전할 때에는 추가 수수료가 부과된다. |
| **1인당 GDP** | 6,789달러(2013년) | |
| **언론** | 일간신문 〈그란마(Granma)〉, 〈후벤투드 레벨데(Juventud Rebelde)〉, 〈트라바야도레스(Trabajadores)〉 외 다수의 주간지와 잡지가 발행된다. | 다섯 개의 TV 채널과 일곱 개의 전국 라디오 방송국이 운영되고 있다. 모든 언론은 정부가 통제한다. |
| **영어 언론** | 〈그란마 인터네셔널〉이 영어와 기타 외국어로 매주 온라인 발행되고 있다. 〈카르텔레라(Cartelera)〉는 스페인어와 영어로 발행되는 문화 주간지다. | |
| **전기** | 110볼트, 60헤르츠 | 220볼트 전자제품을 사용하려면 어댑터가 필요하다. |

| | | |
|---|---|---|
| **비디오/TV** | NTSC-DVD Zone 4 | |
| **인터넷 도메인** | .cu | |
| **전화** | 국가번호는 530이다. 지역번호는 아바나 7, 산티아고 데 쿠바 226, 카마구에이 32, 올긴 24, 트리니다드 410이다. | 해외로 직접 전화를 걸 때는 119를 누르면 되지만, 해외직통번호가 자주 바뀌니 수시로 확인해야 한다. 직통 국제 전화 이외에도 교환원을 통한 국제 전화를 여전히 운영하고 있다. |
| **시간대** | 그리니치 표준시간보다 5시간 느리다. | 3월부터 10월까지는 서머타임을 실시하기 때문에 그리니치 표준시간보다 4시간 느려짐을 유의하자. |

# 01

## 영토와 국민

쿠바 사람들은 쿠바의 가늘고 긴 섬을 청록색 카리브해 아래 잠들어 있는 악어에 즐겨 비유한다. 멕시코만 입구에 위치한 쿠바는 미국 플로리다에서 남쪽으로 156km, 멕시코에서 동쪽으로 210km, 자메이카에서 북쪽으로 140km 떨어진 곳에 위치해 있다. 그레이터 앤틸리스 제도에서 가장 큰 섬인 쿠바는 남서부의 작은 섬 이슬라 데 라 후벤투드가 속한 군도의 일부로, 1,600개의 크고 작은 섬과 산호초로 이루어져 있다.

## 지리적 특징

쿠바 사람들은 쿠바의 가늘고 긴 섬을 청록색 카리브해 아래 잠들어 있는 악어에 즐겨 비유한다. 멕시코만 입구에 위치한 쿠바는 미국 플로리다에서 남쪽으로 156km, 멕시코에서 동쪽으로 210km, 자메이카에서 북쪽으로 140km 떨어진 곳에 위치해 있다. 그레이터 앤틸리스 제도Greater Antilles Islands에서 가장 큰 섬인 쿠바는 남서부의 작은 섬 이슬라 데 라 후벤투드Isla de la Juventud(젊음의 섬)가 속한 군도의 일부로, 1,600개의 크고 작은 섬과 산호초로 이루어져 있다.

　본섬은 남쪽의 바라코아와 관타나모부터 북쪽의 아바나와

피나르 델 리오까지 그 길이가 남북으로 약 1,250km에 달하나, 동서 폭은 가장 넓은 곳도 약 191km에 지나지 않는다. 국토 면적은 약 11만 861km²로 영국보다는 약간 작고 미국의 버지니아 주와 비슷한 규모다.

하얀 백사장으로 둘러싸여 있는 본섬은 대부분 낮고 평탄한 평야로 이루어져 있고, 내륙지방에는 담배농장과 설탕농장, 습지, 숲이 울창한 구릉이 많다. 3대 산맥으로는 쿠바에서 가장 높은 산인 피코 레알 데 투르퀴노 산(1,974m)이 속해 있는 동부의 시에라 마에스트라 산맥, 중부의 시에라 델 에스캄브라이 산맥, 서부의 과니과니코 산맥을 들 수 있다. 담배를 재배하는 비날레스 계곡에 가면 푸른 평원 가운데 우뚝 솟은

웅장한 석회석 암석, 모고테를 볼 수 있다. 본섬의 약 4%는 습지인데, 가장 중요한 습지로 남서부의 중요 자연보호구역인 자파타 습지를 들 수 있다.

인구가 계속 감소하는 가운데 정부는 적극적인 재식림 사업을 펼쳤고, 대규모 산업 농장이나 벌목도 하지 않는 등 상대적으로 자연보호가 잘 이루어진 까닭에 현재 쿠바의 자연구역과 산호초는 다른 카리브해 이웃국가에 비해 보존상태가 좋은 편이다. 쿠바는 국토의 약 14%를 국가 또는 지역 지정 보호구역으로 보호하고 있으며, 14개 국립공원도 그런 노력의 일환으로 볼 수 있다. 유네스코는 쿠바 내 여섯 곳의 보호구역을 생물보존지역으로 지정했는데, 쿠바에서 가장 긴 강인

미엘 강을 끼고 있는 관타나모 동쪽의 바라코아 부근 쿠칠라스 델 토아 Cuchillas del Toa(면적 : 2,024km²)와 산티아고 데 쿠바 부근의 최대 보호구역인 파르케 바코노아 Parque Baconoa(면적 : 848.6km²)가 대

표적이다. 또한 유네스코는 쿠바 북동부 해안에 자리한 니페-사과-바라코아 산맥의 훔볼트 국립공원을 세계 자연유산으로 지정했는데, 이 국립공원은 지구상에서 생물학적으로 가장 풍부한 다양성을 갖춘 열대 섬으로 인정받고 있다.

쿠바는 수도와 특별구역, 이슬라 데 라 후벤투드를 포함해 총 14개의 주로 이루어져 있으며, 1,120만 명의 인구 중 20%가 수도 아바나에 거주한다.


## 기후

쿠바는 열대기후인 나라다. 일반적으로 12월부터 4월 혹은 5월까지가 건기이며, 6월부터 11월까지는 우기다. 연중 가장 무더운 7~9월이면 기온이 32℃까지 올라가고 가장 추운 달인 1월도 26℃ 정도로 훈훈하다. 산티아고 데 쿠바는 보통 아바나보다 기온이 몇 도 정도 높은 편이다. 무더운 7~8월 찌는 듯한 열대 더위를 식혀주는 바닷바람도 없는 쿠바 동부 내륙지방은 한낮 기온이 36℃까지 치솟는다.

연중 2월과 3월이 가장 건조하며, 허리케인이 자주 찾아오는 10월이 가장 습하다. 연간 평균 강수량은 약 1,320mm 정도로, 산간 지역의 강수량이 가장 많고 해안과 섬 지역의 강수량이 가장 적다. 사계절 내내 햇볕이 쨍쨍 나다가 갑자기 퍼붓듯 비가 내리고, 단 1~2시간 내에 다시 해가 쨍쨍 나는 날이 흔하다. 기온과 습도가 함께 올라가는 우기가 시작되면 해변에 사람들이 몰리는데, 해변은 더위를 식혀주는 바람이 불어 최고 기온이 약 25℃ 정도로 쾌적하기 때문이다.

【 허리케인 시즌 】

허리케인은 우기인 8월부터 11월 사이에 자주 찾아온다. 쿠바는 카리브해를 관통하는 허리케인 경로를 따라 위치해 있기 때문에 약 3년마다 큰 폭풍의 피해를 입고, 8~9년에 한 번씩은 대형 허리케인이 강타한다. 최근 쿠바에 큰 피해를 주었던 허리케인으로는 2008년, 단 열흘 간격으로 찾아와 97억 달러 상당의 재산 피해를 입히고 피나르 델 리오 지역에서 8만 2,000여 주택을 완전히 무너뜨렸던 허리케인 구스타브와 아이크를 들 수 있다. 2012년 10월 쿠바 동부를 강타했던 허리케인 샌디는 15만여 가구에 피해를 입혔으며, 그중 1만 7,000여 주택을 완전히 파손시킨 뒤 미국 동부로 빠져나갔다.

이렇게 강력한 허리케인이 휩쓸고 지나갔어도 사망자는 거의 없었다. 평소 허리케인에 대비해 철저하게 예비훈련을 한 덕분에, 위급 상황이 닥쳤을 때 시민과 군대가 신속히 대응할 수 있었기 때문이다. 위험 지역에 있는 주민들은 신속히 대피하고, 폭풍 대피소도 잘 운영된다. 쿠바 내 모든 호텔과 공공장소에는 위급상황이 닥쳤을 때 대처할 수 있는 요령이 게시되어 있고, 라디오와 TV에서도 같은 내용을 방송한다. 최근 지어진 주택과 호텔은 허리케인을 견딜 수 있도록 설계되었고, 낡은 호텔은 보수공사를 통해 대비하고 있다.

## **역사** 개관

쿠바의 역사는 그 이웃나라들과 마찬가지로 계속되는 고난과 외세 침입으로 인한 잔혹함으로 얼룩져 있다. 스페인은 쿠바에 침입해 토착 원주민들을 거의 전멸시켰다. 쿠바를 식민지로 삼은 뒤에는 높은 수익을 내는 대형 사탕수수 농장에서 일할 인력을 충당하기 위해 100만 명에 달하는 아프리카 노예를 수입했다. 이후 쿠바는 스페인에서 독립하기 위해 지난한 투쟁을 벌였지만, 1898년 미국이 개입하면서 진정한 독립을 이루는 데는 실패했다. 1959년에는 미국의 지원을 받던 독재자, 풀헨 시오 바티스타가 쿠바를 떠나 해외로 망명하며 독재의 그늘에서 벗어나는 듯했다. 그러나 곧 피델 카스트로의 지도 아래 공산주의의 길에 들어서게 되었다. 피델 카스트로는 미국 회사들을 국영화했고, 이에 분노한 미국은 쿠바에 통상금지를 실시했는데, 이 조치는 이후 장장 50년간 지속되어 쿠바 경제의 발목을 잡았다.

1961년 4월 17일 미국은 쿠바에 새로 들어선 카스트로 정권을 전복하기 위해 피그스 만에 침공했다. 하지만 예상과는 달리 전세는 쿠바에게 유리하게 돌아갔고 미국은 패배했다. 이 사건 이후 미국에 대한 감정이 악화된 쿠바는 당시 미국과 대치하고 있던 소련의 보호를 받기로 결정했고, 그렇게 미국과 소련의 힘겨루기 속으로 더 깊숙이 말려들어갔다. 이는 1962년, 쿠바 미사일 위기로 이어졌고 이 사건으로 쿠바에 대한 미국의 태도는 더욱 경직되었다.

1989년 소련이 무너지자, 쿠바는 최대 교역국을 잃고 혼자 힘으로 생존하기 위해 처절한 투쟁을 벌여야만 했다. '특별기간'이라고 부르는 이 기간 동안 쿠바는 극단적인 경제적 궁핍과 배급할 식량의 부족으로 어려움을 겪어야 했다. 쿠바를 빠져나가는 인구가 급증하자 쿠바는 자국 경제를 완전히 다른 시각에서 보기 시작했다. 급감하는 설탕 수익을 보완하기 위해 관광과 문화로 시선을 돌린 것이다.

피델 카스트로가 2008년 건강상의 이유로 국가평의회 의장 자리에서 물러났다. 그 자리를 물려받은 피델 카스트로의 동생 라울 카스트로는 제한적이지만 중요한 개혁을 실시했다. 그 결과 쿠바인들도 '팔라다르paladares'라는 자영 식당이나 '카사 파르티쿨라르casa particulares'라는 게스트하우스를 열 수 있게 되었고, 주택을 매매할 수 있게 되었다.

가톨릭교회의 중재로 미국 대통령 버락 오바바와 협상 자리를 가진 후, 수도 아바나에 미국 대사관이 재개설되었고 미국의 무역제재와 여행 제한도 부분적으로 완화되었다. 하지만 미국 의회가 쿠바에 대한 무역제재 폐지를 표결에 붙여 통과시키기 전까지 무역제재는 계속될 것이다.

【 원주민과 외세 】

이제까지 쿠바를 주제로 한 고고학 연구는 거의 없었기 때문에 정확히 어느 시기에 어떤 부족이 이 땅에 정착했는지는 확

# • '쿠바'라는 이름의 기원 •

콜럼버스는 1492년 10월 28일, 오늘날 쿠바 동부의 올긴에 닻을 내린 뒤 이런 기록을 남겼다. "이곳은 인간이 볼 수 있는 가장 아름다운 땅이다." 콜럼버스는 해군 제독으로 임명받은 뒤, 일본과 중국으로 가는 항해로를 찾고 중국 황제 쿠빌라이 칸을 만나기 위해 스페인을 떠나 항해에 나섰다. 그러나 이곳 쿠바 땅에서 콜럼버스가 발견한 것은 금으로 지은 화려한 궁전이 아닌 버려진 어부의 오두막과 그보다 조금 더 큰 공동 주거 공간이었다. 콜럼버스는 이 공동 공간에서 남자와 여자가 한데 모여 '습관처럼 풀을 피우고 있다'고 썼는데, 이는 담배에 대한 최초의 기록이다. 그 사람들은 자신들이 말아서 피우는 잎을 무엇이라고 불렀을까? 바로 코이바(cohiba)였다.

한편 콜럼버스는 자신이 발견한 이 섬에 스페인 이사벨라 여왕의 아들이자 아스투리아스의 왕자였던 돈 후안에게 바친다는 의미에서 '후아나'라는 이름을 붙여주었다. 하지만 타이노족 원주민들에게서 이 섬이 쿠바나칸(Cubanacan) 또는 코아바나(Coabana, 위대한 땅이라는 뜻), 콜바(Colba), 쿠바오(Cubao), 쿠바(비옥한 땅이 넘쳐난다는 뜻)라고 불린다는 사실을 들은 후, 쿠바라는 이름이 뇌리에 박혔다.

실하지 않다. 처음 이 섬에 정착한 부족은 BC 2500년쯤, 남아메리카 대륙에서 온 과나아타베이Guanajatabeyes족으로 추정한다. 이들은 쿠바의 해안선을 따라 동물을 사냥하고 어패류를 잡아먹으며 살았다. 그로부터 한참이 지난 후, 오늘날 베네수엘라 부근 출신의 아라와크Arawak족, 즉 시보네이Siboney족과 타이노Taino족이 섬에 새로 정착했다. 농업을 바탕으로 한 세련된 문명을 가지고 있었던 이 두 부족이 쿠바 섬에 정착하자 단순한 사냥과 수렵만으로 생활하던 과나아타베이족은 섬의 서쪽 끝까지 밀려났다. 1492년 10월, 아메리카 대륙으로 향하던 콜럼버스의 첫 탐험대가 만난 부족이 바로 시보네이족과 타이노족이다.

콜럼버스는 쿠바의 무성한 초목과 아름다운 자연에 매료되었다. 하지만 1492년과 1494년에 방문해서 콜럼버스가 가져간 금과 진주는 무시해도 될 정도로 소량이었다. 스페인의 대대적인 약탈은 1510년, 스페인의 탐험가 디에고 벨라

스케스 데 쿠에야르가 쿠바를 정복한 이후 시작된다.

히스파니올라 섬에서 출발한 탐험대의 수장, 벨라스케스 데 쿠에야르는 바라코아에 상륙해 최초의 스페인 거주지를 세우고 그 땅을 스페인령이라 선언하며 가톨릭을 믿을 것을 선포했다.

하지만 스페인 성직자였던 바르톨로메 데 라스 카사스는 그의 책 『인디언의 역사History of the Indies』에서 스페인이 잔혹하게 원주민을 학살한 것을 두고 "하나님과 교회의 뜻과는 거리가 먼 행위였다"고 썼다. 스페인에 정복당한 원주민 시보네이족과 타이노족은 빼앗긴 땅에서 강제 노역을 했고, 그들의 희생으로 1515년 무렵이 되자 현대 쿠바의 주요 도시와 마을들이 그 모습을 갖추었다.

스페인에 당할 운명을 타이노족에게 경고하기 위해 히스파니올라 섬에서 온 원주민 추장 아투에이는 짧은 시간 동안 반스페인 항쟁을 이끌었지만 1512년 생포되어 말뚝에 박혀 산 채로 화형당했다. 불을 붙이기 전 아투에이에게 가톨릭으로 개종하겠느냐고 묻자, 한 치의 위축됨도 없이 당당하게 "스페인 사

람들이 천국에 있다면, 나는 차라리 지옥을 택하겠다"고 대답했다고 한다. 오늘날 아투에이는 쿠바 최초의 혁명가로 여겨지며, 혁명영웅들이 안치된 판테온에도 이름을 올렸다. 그 이름을 딴 인기 맥주 브랜드도 있다.

16세기 중반, 타이노족 대부분은 스페인의 횡포 아래 몰살당했고 살아남은 자들도 산으로 도피했다. 최근 연구조사에 따르면 타이노족은 쿠바 동부의 바라코아 부근에서 여러 세대에 걸쳐 그 명맥을 유지해왔다고 한다.

【 약탈과 해적 】

16세기와 17세기, 멕시코만 입구라는 지리적 위치 때문에 쿠

바는 침략과 무역의 중점기지가 되었고, 프랑스, 네덜란드, 영국의 사략선을 방어하는 기지로도 활용되었다. 멕시코의 베라크루스, 스페인의 카르타헤나, 카리브해의 작은 항구도시 포르토벨로에서 보물을 가득 싣고 출발한 배들은 카나리아 제도와 세비야로 가기 전, 규모가 컸던 아바나의 항구에 집결했다.

스페인은 쿠바의 고급 목재와 가죽, 감귤류 과일, 담배, 설탕을 전 세계로 수출해 막대한 이익을 취했다. 그중에서도 설탕은 대규모 농장에서 노예의 노동력을 착취해 만든 것이었다. 1513년 쿠바로 끌려온 아프리카 노예들에 대한 최초의 기록이 쓰인 후, 17세기가 되자 노예무역은 체계를 제대로 갖추었다. 그리고 아프리카에서 약 100만 명에 이르는 노예를 끌고 왔다. 노예매매가 활황을 띠고 아메리카 부근의 해역에서 군사 행동

이 지속적으로 일어나자, 해적과 사략선들이 이 지역에 눈독을 들이기 시작했다. 그에 따라 쿠바 연안의 마을들이 큰 피해를 입었다. 1555년 아바나는 프랑스의 해적 자크 드 소르Jacques de Sores의 침입으로 큰 피해를 입은 뒤 강력한 요새를 구축했다. 이 요새 덕분에 1587년, 영국의 프랜시스 드레이크는 아바나 약탈을 단념해야 했다.

## 【영국의 단기 점령】

7년 전쟁(1756~1763)의 막바지였던 1762년, 스페인과 대치 중이던 영국은 대규모 무장 함대를 쿠바에 보내 아바나를 점령했다. 쿠바를 점령한 즉시 영국은 쿠바와 영국, 그리고 북미의 영국령 간 교역을 개시했다. 하지만 그로부터 1년도 채 되지 않은 1763년, 파리조약에 따라 영국은 쿠바와 필리핀을 스페인에게 반환하고 그 대신 플로리다를 얻었다. 급변하는 국제 정세와는 달리, 아프리카 노예매매는 계속해서 가파른 증가세를 보였다.

## 【설탕의 유혹】

유럽과 북미에서 설탕 수요가 급증하자 쿠바는 설탕 생산량

을 늘렸고, 1827년에는 세계에서 설탕
을 가장 많이 생산하는 나라가 되
었다. 그로부터 약 200년간 설탕은
쿠바의 대표 수출품이었다. 하지만 설탕 생산에는 막대한 노
예들의 노동력이 동원되었다. 1791년 오늘날 도미니카 공화국
에 해당하는 산토도밍고에서 노예제가 폐지되고, 1803년에는
아이티에서도 노예제가 폐지되자 사탕수수 농장주들은 두 나
라를 빠져나와 쿠바 동부로 모여들었다. 19세기 증기기관차가
발명되고 철도가 건설되자 설탕 생산량은 크게 늘었고 그에
따라 이익도 늘어났지만, 고된 노동을 해야 하는 노예들과 노
동자들의 삶은 더욱 힘들어졌다.

　19세기 초반, 많은 라틴아메리카 국가들이 스페인에서 독립
했지만 쿠바는 그러지 못했다. 스페인은 쿠바에서 벌어들이는
막대한 수익 때문에 차마 쿠바를 포기하지 못했다. 하지만 쿠
바에서 태어난 스페인 농장주인 크리오요들은 재산권과 자기
자본을 조성할 권리를 주장하며 스페인의 식민 권력에 맞섰
다. 19세기 중반, 쿠바로 이주하는 가난한 스페인 사람들이 늘
어나고, 미국과의 교역이 늘어나자 이런 이성의 목소리는 더욱
커져만 갔다. 하지만 스페인은 막대한 수입을 안겨주는 쿠바

를 끝까지 사수했고, 1878년이 되어서야 개혁과 자치권을 보
장하겠다고 약속했다.

## • 전쟁에서 탄생한 국가 •

쿠바의 국가 〈라 바야메사(La Bayamesa)〉는 '10년 전쟁' 중이었던 1868년 10월
10일, 카를로스 마누엘 데 세스페데스가 이끌던 반군이 스페인에서 도시 바
야모를 탈취했을 당시 만들어졌다. 페루초 피게레도가 작곡한 이 노래는 쿠바
의 혁명 슬로건, '조국이 아니면 죽음을(Patria o Muerte!)'를 노래하며 전면적인
행동에 나설 것을 촉구한다.

  ¡Al combate, corred, Bayameses!,

  Que la patria os contempla orgullosa;

  No temáis una muerte gloriosa,

  Que morir por la patria es vivir.

  전장으로 달려가라 바야모의 사내들아!

  조국이 그대들을 자랑스럽게 지켜보고 있으니.

  영광스런 죽음을 두려워 마라,

  조국을 위해 죽는 것이야말로 영원히 사는 것이다.

## 【 세 차례의 독립전쟁 】

1868년 10월, 크리오요 농장주였던 카를로스 마누엘 데 세스 페데스는 데마하과에 있는 자기 소유의 작은 농장에서 일하던 노예를 모두 해방시키고 스페인으로부터의 독립을 외치며 봉기했다. 쿠바인이면 누구나 '야라 선언Grito de Yara'으로 알고 있는 이 연설은 10년 전쟁(1868~1878)을 촉발시켰다. 해방된 수천 명의 노예와 소작농, 계약노동자들은 세스페데스의 반군에 합류해 막시모 고메즈와 안토니오 마세오의 지도 아래 전투에 가담했다. 반군 진압을 위해 쿠바에 파견된 스페인 병사수가 계속해서 늘어나자, 자유를 위해 투쟁했던 도미니카의 영웅, 후안 맘비Juan Mambi의 이름을 따라 자신들을 맘비세스mambises라

## • 쿠바의 영웅, 호세 마르티 •

라틴아메리카 문학의 큰 별, 호세 마르티는 1853년 아바나에서 태어났다. 언론인이었고 시인, 작가였던 마르티는 인종차별 철폐를 강력하게 주장하며 활발한 정치운동을 폈다. 미국에 망명한 이후에는 쿠바의 독립을 추진하기 위해 쿠바 망명인들의 지지를 모으기도 했다. 노예제도가 철폐된 후 미국 자본이 쿠바의 설탕산업에 쏟아져 들어오자, 미국이 쿠바에 얼마나 위험한 존재인지를 최초로 경고한 사람이기도 하다. 조국의 독립을 위해 다시 쿠바 땅을 밟은 지한 달 만이었던 1895년 5월 19일, 호세 마르티는 쿠바 독립전쟁에서 전사했고, 그로써 쿠바의 국민적 영웅이 되었다.

오늘날 쿠바 전국의 학교, 병원, 관공서 안팎에는 마르티의 얼굴이 걸려 있고, 1페소 지폐에도 얼굴이 새겨져 있다. 쿠바인들의 영원한 애창곡 〈관타나메라(Guantanamera)〉의 가사는 마르티의 시집 『간소한 시집(Versos Sencillos)』의 시구를 따온 것이다.

Yo soy un hombre sincero

De donde crece la palma,

Y antes de morirme quiero

Echar mis versos del alma.

나는 종려나무가 자라는 곳에서 온

순박하고 진실된 사람이라오.

죽기 전에

내 영혼의 시를 쓰고 싶소.

불렀던 반군은 게릴라전으로 전략을 바꾸고 성공을 거두었다.

1874년 세스페데스가 사망한 뒤 전쟁은 교착상태에 빠졌고 1878년에는 스페인과 지주들이 일부 개혁을 약속한 '산혼조약 Paz de Zanjón'을 체결했다. 하지만 곧 1879~1880년, 작은 전쟁이라 부르는 독립전쟁이 다시 일어났다. 1886년 마침내 노예제도가 완전히 폐지되었지만 반란은 계속해서 들끓었다.

1894년 스페인이 미국과 쿠바 간의 무역협약을 폐지하자, 1895년 쿠바 독립전쟁이 촉발되었다. 반군은 설탕농장과 스페인 소유의 건물이나 시설을 파괴했고, 스페인은 시골 사람들을 강제수용소에 가두고 수천 명의 무고한 생명을 앗아가며

그에 맞섰다. 고메즈와 마세오는 호세 마르티의 정치 지도 아래 반군을 다시 이끌었다. 1897년, 스페인은 쿠바에 자치권을 주겠다고 제안했지만 반군은 이를 수락하는 대신 완전한 독립을 요구했다.

쿠바 독립전쟁의 마지막 페이지는 1898년, 짧게 끝난 미국-스페인 전쟁이 장식했다. 이 전쟁은 1898년 2월 15일, 쿠바의 아바나 항에 정착한 미국 순양함 메인호가 알 수 없는 이유로 폭발하면서 촉발되었다. 4월 21일 미국 의회는 스페인에게 전쟁을 선포했고, 미군은 쿠바 동부에서 싱거운 승리를 거두었다. 1899년 4월 전쟁 결과에 관한 조약이 체결되었고, 스페인은 이 전쟁에서 패배한 대가로 쿠바, 푸에르토리코, 괌, 필리핀을 미국에 넘겨주었다.

## 【가짜 공화국】

스페인은 미국-스페인 전쟁에서 패한 뒤 쿠바에서 물러났지만, 그렇다고 쿠바가 독립한 것은 아니었다. 1902년 쿠바는 최초의 공화국 성립을 선포하고 초대 대통령으로 토마스 에스드라나 쌀

## · 관타나모 만 ·

플랫 수정안에서 가장 논란의 여지가 많은 조항은 1903년 미국과 쿠바 정부가 체결한 관타나모 만 임대 계약이다. 이 계약에 따라 미국은 쿠바 관타나모 지역의 160km² 땅에 해군기지를 건설했다. 관타나모는 현재 미국의 가장 오래된 해외 해군시설이며, 2002년부터는 아프가니스탄, 이라크 등지의 전쟁 포로와 테러 용의자들을 수감하는 수용소를 운영하며 인권의 사각지대라는 비난을 받고 있다. 1959년 혁명 이후, 쿠바는 관타나모 임대는 미국이 강요해서 이루어진 것이고, 이는 국제법을 위반하는 것뿐만 아니라 미국의 해군기지가 1898년 미 해군이 '탈취한' 지역에 자리하고 있다는 이유를 들어 미국에 지속적으로 관타나모 만 기지의 반환을 요구하고 있다.

쿠바는 지난 50여 년간 매년 미국이 지불하는 토지 임대료 4,085달러를 거부하고 있다. 미국 대통령 버락 오바마와의 협상 이후 2015년 9월, 라울 카스트로는 양국 관계의 정상화는 미국의 금수조치 해제와 관타나모 만 반환이 이루어져야만 가능하다고 다시 한 번 강조했다.

마를 세웠지만, 독립은 허울뿐이었다. 스페인은 물러났지만 플랫 수정안Platt Amendment에 따라, 미국이 스페인 자리를 대체하며 사실상 쿠바를 속국으로 만든 것이다. 이 수정안에 따라 미국은 '개인의 생명과 재산, 자유를 보호하기 위해 쿠바의 독립을 보호하고 정부를 유지하기 위해' 언제라도 쿠바의 내정에 간섭할 권한을 가졌다. 이 수정안이 폐지된 1934년까지 미국은 네 차례 쿠바의 내정에 개입했다.

## 【 미국, 쿠바의 설탕산업에 뛰어들다 】

여러 해 동안 지속된 전쟁으로 쿠바의 대부분 인구는 빈곤과 문맹, 질병에 시달렸다. 전쟁이 끝난 뒤에도 쿠바는 실질적으로 미국의 속국이 되었고, 미국은 스페인과 마찬가지로 쿠바의 발전에 별다른 노력을 기울이지 않았던 탓에 상황은 나아질 기미를 보이지 않았다. 쿠바의 설탕산업은 현대화되고 기계화되었지만 생산된 설탕의 대부분을 미국 시장과 쿠바의 주요 내수 시장, 업계 투자자에게 전매하는 등 한계가 있었다.

1920년 중반, 미국 회사들은 쿠바 농업의 3분의 2를 좌지우지했다. 1920년대 설탕산업 호황으로 공공건물과 부유층을 위한 대저택이 세워졌지만 빈곤층은 아무런 혜택도 받지 못했다. 미국은 쿠바에 도로와 철도를 건설하고 은행을 세우고 전기를 설치하는 한편 세계 최초의 자동전화시스템을 도입했지만, 쿠바에서 나는 모든 수익은 미국 본국으로 송환했다.

당시 쿠바 정부에는 이렇다 할 정치적 힘이나 권한이 없었고, 부패가 만연했다. 특히 노동운동과 정치적 좌파를 무자비하게 탄압했던 혜라르도 마차도 재임 시절(1925~1933)에는 그 부패가 심각했다. 그러다 1925년 러시아혁명의 선전 내용과 아이디어에 영향을 받아 쿠바공산당이 창당되었고, 이 당은 곧 노동시장에서 두드러진 활약을 보였다.

그리고 1926년 8월 13일, 올긴 동부의 소도시 비란에서 피델 카스트로가 태어났다. 부유한 농장주 아버지 안젤과 그의 하녀 리나 루즈 사이에서 태어난 카스트로는, 농장에서 일하는 시골의 빈곤 노동계층이 얼마나 힘들게 사는지를 직접 목격하며 어린 시절을 보냈다.

### 【 바티스타의 부상 】

1933년 마차도 정부에 대한 반발이 극심해지고 파업 투쟁이 전국적으로 일어나자 마차도는 해외로 망명했다. 이후 계속된 정치적 혼란 속에서 라몬 그라우 산 마르틴과 안토니오 기테라스가 민주 정부를 세웠지만 100일 만에 무너지고 만다. 그 뒤 물라토 출신의 젊은 군인이었던 풀헨시오 바티스타가 1934

년 정권을 잡는 데 성공한다.

바티스타는 이후 15년 동안 미국 정부와 마피아의 후원 아래 권력을 유지했다. 1940년에는 노동권과 최저임금, 동일 노동에 대한 동일 임금을 규정한 개정 헌법을 도입하고 임시방편으로 공산당과 협력하기도 했다. 1944년 선거에서 패배한 뒤 쿠바를 거의 무정부 상태로 두고 플로리다로 도망치듯 떠났다가, 1952년 대통령 선거 직전에 다시 쿠바로 돌아와서 무혈 쿠데타를 일으켜 정권을 잡았다. 이후 7년간 바티스타의 지도 아래 쿠바는 잔혹하고 범죄를 밥 먹듯 저지르는 독재를 감내해야 했다.

이 시기는 육감적이고 관능적인 댄서들이 춤추는 쿠바의 트로피카나Tropicana 클럽이 세계 최대이자 최고의 나이트클럽으로 명성을 떨쳤던 때이기도 했다. 당시에는 '루이 산토스Louie Santos'라는 별명으로 유명했던 산토 트라피칸테 주니어와 메이어 랜스키 같은 마피아 보스들이 고급 카지노를 운영했다. 유명 호텔이었던 나치오날 호텔에 가면 할리우드 배우였던 에롤

플린과 마를렌 디트리히, 에바 가드너, 유명 가수 프랭크 시나트라가 휴식을 취하면서 담소를 나누는 모습도 볼 수 있었다고 한다.

하지만 같은 시기, 쿠바의 주요 도시 거리에는 매일같이 시체들이 나뒹굴어 정부에 대항하면 어떤 비참한 최후를 당하는지 보여주었다.

【 몬카다에서 시에라 마에스트라 산맥까지 】

쿠바 혁명은 1953년 7월 26일, 산티아고 데 쿠바의 몬카다 병영을 반군이 습격한 것으로 시작되었다.

당시 1947년 설립된 극좌파 오르토독소Ortodoxo 당 소속이었던 피델 카스트로는 바티스타 정권을 무너뜨리기 위해 같은 당 의원들과 계획을 세우고 있었다. 카스트로는 쿠바 제2의 군사기지였던 몬카다 병영을 공격함으로써 쿠바 전역에 반란의 열풍을 일으키고자 했지만, 곧 반군보

다 더 많은 병력의 무장 정부군이 투입되면서 공격은 실패로 끝났다. 반군 중 많은 이들이 혹독한 고문을 받아 숨졌고, 카스트로를 포함한 28인은 투옥되었다. 이들은 1955년 5월 사면을 받은 후, '7월 26일 운동'이라는 단체를 결성해 독재 정권 붕괴를 목적으로 활동을 재개했다.

곧 카스트로는 이전에 마르티가 그랬듯 해외 망명 쿠바인들을 주축으로 한 운동을 계획하기 위해 멕시코로 떠났고, 거기에서 아르헨티나 출신의 젊은 의사이자 주변 사람들에게는 '체' 게바라로 불렸던 에르네스토 게바라와 운명적으로 만났다. 오늘날 '체 게바라'라는 이름으로 더 유명한데, '체'는 아르헨티나어로 '어이, 거기'라는 의미라고 한다.

1956년 11월 25일, 여러 달 동안 계획과 자원 조달을 끝낸 82명의 혁명가는 궂은 날씨에 낡은 요트, 그란마호를 타고 쿠바로 향했다. 하지만 도착 전 맹그로브 습지의 늪에서 좌초했고, 곧 바티스타의 정부군에 포위되고 만다. 이날 살아남은 혁명가는 82명 중 단 12명뿐이었다. 이들은 시에라

## • 혁명과 신문, 주의 유래가 된 작은 배 '그란마호' •

쿠바를 방문한 외국인들은 쿠바 공산당의 중앙 기관지 이름이 〈그란마
(Granma)〉인 것을 보고 호기심을 갖는다. '그란마'는 혁명영웅의 이름일까, 비
밀결사의 이름일까? 그것도 아니면 러시아어로 진실의 빛을 의미하는 '프라
우다(Pravda)'와 같은 단어일까? 사실 정답은 따로 있다. '그란마'라는 이름은
1956년 11월 25일, 피델 카스트로와 그의 동생 라울 카스트로, 체 게바라 외
79명의 혁명가를 태우고 멕시코 베라크루즈의 툭스판에서 쿠바의 남단에 위
치한 라스콜로라다스 해안을 향해 출발했던 정원 12명, 길이 18m의 유람용 모
터보트에서 유래한 것이다. 혁명가들은 물이 샐 정도로 노후했던 이 배를 타
고 7일 동안 궂은 날씨 속에서 험한 바다를 건너 쿠바의 라스콜로라다스 해안
에 도착했고, 곧 바티스타 정부군과의 전투를 시작했다. 격렬한 전투 속에서
82명의 혁명군 중 20명이 채 되지 않는 이들만 살아남아 시에라 마에스트라
산맥으로 숨어들었다. 피델 카스트로는 이 산 속에서 부대를 재정비했다. '그
란마 그룹'이라 알려진 이 부대는 쿠바혁명의 핵심이 되었고, 전쟁과 이후 평
화를 이끌었다.

이 배는 1943년에 제조되었으며, 원래 선주가 자신의 할머니에게 바친다는
의미로 '그란마'라는 이름을 지었다. 이후 중고시장에 나온 이 배를 미국에 있

던 젊은 쿠바의 혁명가들이 1만 5,000달러를 주고 구입했다. 현재는 아바나의 혁명박물관 앞에 마련된 그란마호 기념 전시관의 유리 진열장 안에 전시되어 있다. 이 배가 상륙했던 지역은 현재 '그란마 주'로 지정되었고, 절경을 이루는 해안 단구와 절벽을 보존하기 위해 만든 데셈바르코 델 그란마 국립공원(Desembarco del Granma National Park)은 1999년 유네스코 세계유산으로 지정되었다. 작은 배 치고는 나쁘지 않은 운명이다.

마에스트라 산맥에 들어가 혁명 세력을 키우기 시작했고, 서서히 지역 소작농들의 신뢰와 지원을 얻어갔다. 게릴라 군을 조직해 바티스타 정부군과의 전투에서 승리를 거두기 시작했다. 한편 자신감 넘쳤던 미국도 신속히 대응에 들어갔다. 1959년 3월, 미국은 이미 카스트로를 타도할 계획을 비밀리에 세우고 있었다. 한편 혁명가들은 시에라 마에스트라 산맥에서 소작농들의 삶을 직접 체험하며 소중한 경험을 쌓았다.

　게릴라 군이 세력을 확장하자 바티스타는 시에라에 더 많은 정부군을 보냈지만 별 소득은 거두지 못했고, 곧 쿠바 전역에서 다른 게릴라 부대늘도 우후죽순 일어나기 시작했다.

1958년 5월 히구에Jigüe 전투에서 패한 뒤 사기가 크게 꺾인 바티스타 군대는 곧 시에라를 포기하고 도주했다. 곧 반군은 서쪽으로 행군했고, 그해 12월 체 게바라는 산타 클라라 부근에서 정부군이 타고 있던 열차를 탈취하며 정부군을 무너뜨리는 데 성공했다. 1959년 1월 1일, 바티스타는 산토 도밍고로 도주했고, 그로부터 1주일 후 혁명가들은 의기양양하게 아바나에 입성했다. 당시 서른둘이었던 피델 카스트로와 서른이었던 체 게바라, 두 젊은 청년은 나라를 다스리게 되었다.

## 〔혁명〕

혁명이 성공한 뒤 처음 몇 달간 커다란 변화가 계속해서 일어났다. 중도파의 마누엘 우루티아와 호세 미로 카르도나가 각각 대통령과 수상으로 임명되었지만, 사실상의 지도권은 피델과 그의 동생 라울, 체 게바라에게 있었다. 이들은 사창가와 카지노를 폐쇄하고, 오랫동안 고대했던 농업 개혁을 실시했으며, 인종차별 철폐를 선언하고 백인만 출입할 수 있었던 장소들도 없앴다. 주택 임대료를 대폭 삭감했고, 세입자들에게도 권리를 부여했으며, 개혁을 감독하기 위한 내각을 세웠다. 바티스타와 그 측근들의 재산을 몰수하고, 미국 소유의 기업을 국유화하는 것도 당시 개혁의 일부였다. 혁명정부는 1960년 2월, 모든 설탕공장을 국유화했다.

## 【 제국의 역습 】

이런 급진적 변화는 미국과 쿠바 간의 적대적 대립관계를 가져왔고, 이때 시작된 양국 간 교착상태는 현재까지도 계속되고 있다. 가난했던 쿠바가 혁명의 승리에 도취되어 있던 그때 미국 정부는 이미 신속하게 대응을 모의했다. 1959년 3월 카스트로 정부의 전복을 비밀리에 계획하고 있었다.

1960년 4월 소련에 설탕을 수출하는 대가로 받기로 한 소련산 원유가 쿠바에 도착했다. 하지만 쿠바 내 미국 정유회사들은 미국 정부의 압박을 받아 원유 정제를 거부했고, 피델 카스트로는 쿠바 내 미국 정유시설을 국유화하며 이에 맞섰다. 이에 대한 보복으로 미국 정부는 쿠바산 설탕 수입량을 대폭 줄였고, 소련은 수출길이 막힌 쿠바산 설탕을 대신 사들였다. 그해 11월 미국은 쿠바에 대한 전면 금수조치를 선언했다. 쿠바의 수출은 급감했고, 그중에서 소련 연맹이 어느 정도 흡수했지만, 미국의 금수조치는 오늘날까지도 쿠바 경제의 발목을 잡고 있다. 쿠바 경제는 얼마 전 버락 오마바와의 회남으로 다소 완화되기 전까지 미국과의 통상이 전면 금지되어 상당히 어려웠다. 따라서 소련에 대한 의존도가 높아졌고, 소련이 무너진 후에는 기댈 수 있는 외부 세력마저 없어져버려 고립되었다.

【 경제개혁 】

1961년, 경제학자도 나라를 경영하는 전문가도 아니었던 체 게바라의 총괄 지휘 아래 전면적인 경제개혁이 시작되었다. 게바라의 아이디어는 지나치게 급진적이었고 이상적이었으며 다수는 실행이 불가능했다. 게바라는 설탕 재배에만 특화되어 있는 쿠바의 경제활동을 다변화해야 할 필요성을 느끼고 있었고, 산업화에 대한 토론을 활발히 진행했다. 하지만 문제는 당시 쿠바에 제대로 교육받은 경제학자가 거의 남아 있지 않았다는 것이다. 또한 새 정부는 나라의 부를 빈곤층에게 재분배하는 것과 고학력 도시 전문 인력의 이익을 고려하지 않는 것이 실질적으로 어떤 결과를 가져올지 제대로 파악하지 못하고 있었다. 공업에 대한 전문지식은 전무하다시피 했고, 미국의 금수조치로 공업 투자 길도 막혔으며, 쿠바 내 기존의 미국 설비도 원활하게 사용할 수 없었다. 미국 설비 대신 들여온 소련의 설비는 쿠바인들에게 낯설기만 했고 효율성도 떨어졌다. 이런 상황에서 유일한 현실적 대안은 설탕과 원자재 생산에 계속 의존하는 것뿐이었다.

한편 1961년에는 전국에서 문맹퇴치운동이 일어나 놀라운 성과를 거두었다. 젊은 교사들 10만 명이 자원해 외딴 시골로 가서 남녀노소에게 글을 읽고 쓰는 법을 가르쳤고, 그 결과 100만 명에 달하는 쿠바인들이 문맹에서 벗어날 수 있었다. 이 대담하고 성공적인 실험은 세계의 마음을 사로잡았고, 쿠바혁명의 상징이 되었다.

### 【 피그스만침공 】

젊은 교사들이 방풍 랜턴과 공책을 들고 쿠바의 외진 시골로 향하던 1961년 4월 17일, 미국의 후원 아래 카스트로를 반대하던 쿠바의 망명인들이 자파타 습지의 피그스 만(쁘라야 히론)에 침투했다. 쿠바 정부군은 약 48시간 안에 이들을 진압했지만, 그때부터 쿠바는 미국에 군사적으로 맞서는 나라라는 굴레를 쓰게 되었다. 미국의 피그스 만 침공으로 숨진 쿠바군 일곱 명의 장례식에서 카스트로는 혁명 이후 처음으로 쿠바혁명과 나라의 사회주의 노선을 명확히 선포했다.

## 【 미사일 위기 】

1년 뒤 카스트로가 소련의 핵미사일을 쿠바에 배치하는 데 동의하면서 미국과 소련이 대치했다. 이로써 세계는 냉전 중 핵전쟁 직전까지 가는 최고로 위험한 순간을 맞는다. 쿠바 내 미사일 기지가 건설되고 탄두가 반입되기 시작했던 그때, 미군은 소련 군사정보기관에 심어둔 이중첩자의 제보로 미사일 배치 계획을 알았고, 곧장 쿠바의 해상을 봉쇄했다. 이에 탄두를 싣고 쿠바로 향하던 소련의 함선은 뱃머리를 돌려야 했다. 쿠바에 이미 들어온 미사일은 다시 반출되었다. 미국과 소련이 피 말리는 협의를 벌이던 13일간, 전 세계는 핵전쟁이 발발할 수도 있다는 불안과 공포에 떨어야 했다. 하지만 미사일 배

치를 철회한다는 합의는 쿠바의 지도자가 아닌 미국의 케네디 대통령과 소련의 지도자였던 니키타 흐루시초프가 수많은 서신을 주고받아 도출한 것이었다. 고래 싸움에 새우등 터진다는 속담처럼, 미소 간의 파워게임 사이에서 힘없고 작은 나라 쿠바가 얼마나 쉽게 제물이 되었는지를 볼 수 있는 대목이다.

## 【 소련의 편에 서다 】

1960년대와 1970년대, 쿠바는 점차 소련 연맹과 가까워졌다. 이 시기 쿠바의 공산주의는 최고의 정통성을 자랑했다. 기존의 공산당은 1965년, 더 엄격한 마르크스-레닌주의를 따라 쿠바공산당PCC으로 개칭했고, 1975년 제1회 당대회를 개최했다. 1976년에는 그해 도입한 새 헌법 조항에 따라 최고 권력기관인 국가평의회를 설립했다.

　이 시기는 지성의 암흑기였다. 시민권은 제한되었고 대학은 폐쇄되었으며, 사회주의를 조금이라도 비판하는 문예 작품은 발표가 금지되었다. 당시에도 많은 미술과 문학 작품, 영화가 발표되었지만, 혁명 초창기에 두드러졌던 문화적 모험심은 현저히 약화되었다. 이런 양상은 특히 1968년 이후 심해졌다.

1968년 피델 카스트로는 체코슬로바키아의 정치인 알렉산데르 둡체크가 자유화 정책을 추진한 '프라하의 봄'을 크게 비판했다. 당시 쿠바에 남아 있던 마지막 민간기업의 잔재, 가족단위의 소규모 자영업까지 법으로 전면 금지했다.

이 시기 쿠바는 제3세계에 쿠바의 혁명을 수출했다. 쿠바는 니카라과와 그레나다 등의 무장 반제국주의 혁명에 가담했고, 소련을 뒤에 둔 에티오피아 등의 정권을 지지했다. 1976년부터 시작된 앙골라 내전에서 쿠바군은 중요한 역할을 담당해, 1988년 쿠이토 콴나발레Cuito Cuanavale에서 남아프리카 군대를 물리침으로써 혁혁한 공을 세웠다.

【 교정 캠페인 】

1986년, 카스트로는 '교정운동'을 선언하며 사회주의의 윤리
가치와 혁명의 기본 가치를 다시 찾고, 더욱 효율적인 중앙 집
중화를 구현할 것을 선포했다. 교정운동 아래 카스트로는 시
민들과 1년 넘게 만나 소통했다. 카스트로는 1987년 7월 26
일, 교정운동은 '경제운영과 계획체계를 더 잘 활용하고자 했
던 운동으로 이상주의가 아니라 현실주의 운동'이었으며, '혁명
정신과 혁명업적, 혁명가치, 혁명적 노력과 혁명의 책임에서 벗
어난 것들을 교정하려 한' 노력이었다고 말했다. 1986년 5월,
이 운동의 일환으로 1980년대 초에 허용했던 농산물 직판장
과 공산품 시장을 강제 폐쇄했다. 개인적인 부의 축적을 부추
길 수 있다는 이유에서였다. 한편 1970년대 주택난을 해소하
기 위해 투입되어 효과를 톡톡히 보았던 자원노동이 재도입되
었고, 1988년에는 정부인원을 수천 명이나 감축해 업무 효율
성을 높였다.


【 소련의 붕괴와 특별기간 】

1989년 베를린 장벽이 무너지면서 세상이 송두리째 바뀌기
시작했다. 이후 몇 년 동안 소련이 쿠바에 제공했던 원조와 보

조금이 사라졌고, 사회주의권의 붕괴와 함께 사라져가던 '동구권' 국가들은 기존의 교역 방향을 바꾸기 시작했다. 이제까지 쿠바 경제를 지탱해주던 기둥들이 사라지자, 쿠바 정부는 긴축체제에 들어갔다. 마치 조지 오웰의 소설 제목 같은 '평화시기 특별기간'이라는 이름 아래 사회적으로 얻은 성과를 유지하고 금수조치에 굴복하지 않으면서 나라의 도산을 막고자 한 것이다. 농업과 관광 부문에서 시장 지향적인 개혁이 제한적으로 실시되었다. 쿠바는 새로운 수출품목(설탕 부산물, 제약, 첨단 의료기기)과 새로운 교역국을 필사적으로 찾았고, 식량과 의료품을 자급하기 위해 노력했다. 하지만 곧 연료와 기타 원자재가 부족해지면서 교통체계가 마비되었고 매일 정전이 발생했다. 가게의 선반 위는 텅텅 비어갔고 가게 밖으로 늘어선 사람들의 줄은 길어만 갔다.

1991년 열린 제4회 공산당대회에서는 이전과는 달리 공개적이고 건설적인 논의가 전개되었다. 일당체제 포기에 관한 논의는 이루어지지 않았지만 비밀투표와 같은 일부 민주적 개혁이 도입되었다. 선거로 구성된 국회에 더 큰 권력이 주어졌고, 일부 공산당 창단 멤버는 전도가 유망한 젊은 공산당원으로 대체되었다. 종교를 가진 사람도 공산당 입당이 허용되었다.

나라의 지도부는 고립
을 독립으로 재정의하
며, 쿠바의 사회주의는
이 땅에서 자생한 것임
을 강조했다. 1990년 4월 카스트로는 기자들에게 이렇게 말했
다. "그 누구도 우리에게 혁명을 주지 않았다. 쿠바의 혁명은
어디에서 들여온 것이 아니라, 우리가 스스로 직접 만들어낸
것이다."

## 【 쿠바 탈출 】

쿠바를 변화시키려는 투쟁을 쿠바 밖에서 하는 것은 전통적
인 쿠바의 항의 방식이다. 호세 마르티도 피델 카스트로도 쿠
바의 변화를 꾀하기 위해 쿠바 밖으로 나간 적이 있으니 말이
다. 카스트로에 반대하는 미국 내 쿠바 망명인 공동체도 세계
에서 가장 강력한 압력단체 중 하나다(쿠바에 실질적인 변화를 가져
다주지는 못했지만).

　꾸준한 쿠바 탈출 행렬 이외에도 두 차례의 대규모 탈출이
있었다. 1980년 카스트로가 마이애미 쿠바인들과 대화한 후,
단계별로 정치범을 석방하고 재외 쿠바인들의 쿠바 방문을 허

용한다고 발표한 뒤 수천 명의 쿠바인들이 아바나의 페루 대사관으로 몰려가 망명을 신청했다. 카스트로는 쿠바를 떠나고자 하는 사람들은 마리엘 항구에서 떠날 수 있도록 허락해주었고, 훗날 미국과 쿠바의 이민정책이 변경되기 전까지 12만 5,000명이 넘는 사람들이 쿠바를 떠났다.

미국과 미국 내 쿠바 망명인 공동체는 카스트로가 그 기회를 활용해 2,800명의 범죄자와 동성애자, 정신병자 등 쿠바의 교도소와 병원에서 '원하지 않는' 사람들을 제거했다고 비난했다. 이 논란에 영감을 받아, 영화감독 올리버 스톤은 과거 1932년에 발표되었던 갱스터 영화 〈스카페이스〉를 각색했다. 마리엘 난민 송출사건을 소재로 한 이 영화에서 알 파치노가 연기한 토니 몬타나는 쿠바의 3류 깡패였다가 미국으로 건너와 마이애미의 갱단에 들어가고 결국 기관총을 들고 대항하다 총에 맞아 죽는 최후를 맞는다.

1994년에도 수천 명의 사람들이 특별기간의 빈곤을 이기지 못하고 작은 배와 뗏목을 타고 미국으로 향했다. 이에 미국은 대쿠바 이민정책을 대대적으로 수정해 매년 2만 개의 비자만 발급하겠다고 발표했고, 정치적 망명에 부적격한 '보트피플'은 쿠바로 송환하겠다는 결정을 내렸다.

## 【 관광의 부상과 카스트로의 퇴진 】

1993년이 되자 쿠바의 경제상황은 최악으로 치달았다. 쿠바는 전국적 논의를 거쳐 일련의 효과적인 경제개혁 조치를 도입했다. 먼저 미국 달러를 쿠바 내에서 합법적으로 사용할 수 있는 통화로 지정했고, 자영업을 다시 허용했으며(세금도 부과), 국영 농장을 협동조합으로 바꾸고, 폐쇄했던 농산물 직판장도 다시 열었다. 또한 외국 투자자와의 합작에 관한 법을 확대했다.

1994년 새로운 관광청을 설립했고, 1995년이 되자 관광수입이 나라의 주 외화 수입원이었던 설탕산업을 넘어섰다. 스페인과 캐나다의 막대한 투자로 호텔과 관광 인프라가 갖추어졌고, 1990년과 2000년 사이에는 약 1,000만 명의 관광객이 쿠바를 방문했다. 관광객 중에는 캐나다인이 가장 많았다.

한편 쿠바 정부는 사회주의 슬로건을 내리고 그 대신 민족주의를 강조하며 쿠바를 현대적 국가로 재포장하기에 나섰다. 또한 미국이 쿠바를 불안정하게 만들고 있다고 비난하며 개혁조치 반대 세력에 대한 탄압을 정당화하면서도, 동시에 미국 정부의 환심을 사려 노력하며 대쿠바 금수조치를 해제할 것을 요구했다.

1998년 1월에는 교황 요한 바오로 2세가 쿠바를 방문했다.

교황은 쿠바가 가난한 사람들의 피와 땀을 착취해 신자유주의와 자본주의의 길을 가지 않은 것을 넌지시 칭찬하면서도, 쿠바 정부에 '다른 인권의 기본이 되는' 종교의 자유를 허할 것을 강력히 요구했다. 그에 대한 화답으로 피델 카스트로는 1960년대 초반부터 탄압의 대상이었던 교회를 공식 승인하고 예배와 세례를 허용했다. 이에 성직자 수도 늘어났지만 쿠바는 여전히 인권 문제로 전 세계의 비난을 받고 있다.

쿠바를 관심의 눈으로 주시하던 사람들은 카스트로가 물러난 뒤 쿠바의 미래가 어떻게 될지 다양한 의견을 내놓았다. 그러던 2006년 카스트로는 심각한 장출혈로 수술 뒤 잠시 자리에서 물러났다가 2008년 2월 자신의 동생 라울에게 공식적으로 권력을 승계하며 점진적으로 권력에서 물러났다. 피델 카스트로는 2016년 11월 25일 아바나에서 숨을 거두었다.

# 정치체제

## 【 일당체제 】

쿠바는 쿠바공산당이 이끄는 일당체제의 사회주의 공화국이다. 마르크스-레닌주의를 따른다고 천명한 1976년의 헌법 조항은 1992년에 삭제되었지만, 여전히 합법적이고 유일한 정당은 쿠바공산당뿐이다. 정책 결정 과정에서 당원과 시민의 의견을 묻기도 하지만 최종 결정을 내리는 것은 아직 공산당이다.

국가평의회 의장은 국가원수와 정부 수반을 겸한다. 피델 카스트로는 1959년부터 1976년까지는 국가의 총리를 맡았고, 1976년부터 2008년까지는 국가평의회 의장을 맡았다. 또한 국무 위원회와 각료회의의 의장이자 쿠바공산당의 제1서기였으며, 산티아고 데 쿠바를 대표하는 의회 대표이기도 했다. 그가 2008년 건강상의 문제로 자리에서 내려오자, 쿠바 의회는 비밀투표를 통해 피델 카스트로의 동생 라울 카스트로를 새로운 국가평의회 의장으로 선출했다.

국무 위원회 위원 31명은 의회가 선출한다. 의회가 휴회 중일 때에는 국무 위원회가 입법권을 행사하고 이중 여덟 명은 각료회의를 구성한다. 또한 의회는 국가평의회 의장을 선출한다.

피델 카스트로는 미국에 맞서기 위해서 무엇보다 중요한 것은 단결이라며 일당체제의 정당성을 주장했다. 쿠바가 정치적으로 분열될 경우 미국의 위협에 제대로 대처할 수 없다고 생각했고, 줄곧 쿠바에 적대적이었던 미국의 태도는 다당체제를 용납할 수 없다는 카스트로의 결심을 더욱 확고하게 만들어주었다. 어쩌면 앞으로 후계자들은 다른 결정을 내릴 수도 있을 것이다.

## 【 의회와 선거 】

국가권력의 최고기관은 인민권력국가회의Asamblea Nacional del Poder Popular이며, 한국의 국회에 해당하는 이 기관은 609명의 의원으로 구성된다. 이 의원들은 선거구에서 승인한 추천 후보 목록 가운데서 선출한다. 16세 이상 국민은 모두 투표권이 있다.

169개 시의회 선거는 2년 반마다, 총선거(국가평의회 의장 선출 포함)는 5년마다 치른다. 법으로 쿠바공산당은 후보를 지명하지 못하게 되어 있고, 반드시 공산당원이어야만 후보가 될 수 있는 것은 아니지만 이제까지는 통상적으로 그래왔다. 1991년 비밀투표가 도입되었지만, 그 이후에도 피델 카스트로는 모든 선거에서 높은 득표율로 국가평의회 의장에 재당선되었다.

　앞서 언급한 것처럼 2008년 2월 건강상의 문제로 피델 카스트로가 사퇴를 선언한 뒤에는 그의 동생 라울 카스트로가 국가평의회 의장으로 선출되었다. 2013년 2월 라울은 재당선되었고, 2018년에 국가평의회 의장에서 물러날 계획임을 밝혔다.

【대중기관】

공산당이 정치와 사회, 경제에 절대적인 지배권을 행사하는 상황에서 사회기관은 사회 변화에 거의 영향을 미칠 수 없었다. 쿠바에는 학생조직과 여성기관, 노동조합, 농민조합 등이 존재하지만 이들은 정부의 명령에 복종하기만 할뿐 독자적으로 의견을 개진하지는 못했다. 최근 자영업이 다시 허용되기 전까지만 해도 정부가 그들의 유일한 고용주였기 때문이다. 가장 논란이 많은 것은 히론 해안 침공사건 직전 '혁명의 눈과 귀'가 되기 위해 설립된 전국적 지역방위조직, 바로 혁명수호위원회CDR다.

## 【 열대의 사회주의? 】

쿠바의 사회주의가 정통 마르크스-레닌주의를 따른 것은 사실이지만 1960년대 후반부터 1980년대 초반 사이, 쿠바는 소련 스타일의 사회주의에서 탈피해 라틴아메리카의 특징과 쿠바만의 독특한 색깔을 지닌 사회주의를 완성했다. 피델 카스트로를 가장 잘 설명하는 말은 '카우디요caudillo'일 것이다. 카우디요는 라틴아메리카에 존재하는 특별한 개념으로 정치와 군사를 장악하고 자신의 뜻대로 나라를 다스리는, 카리스마 넘치되 따뜻한 지도자를 가리키는 말이다. 카스트로는 쿠바의 교육과 의료체계에 집중 투자해 선진국들도 부러워하는 무상교육과 무상의료체계를 완성했고, 마르티와 체 게바라 같은 혁명영웅들을 사회주의적 행동의 롤모델로 만들었다.

　쿠바혁명과 혁명정부는 기본적으로 피델 카스트로라는 한

사람이 전적으로 좌지우지했다. 바로 이런 이유 때문에 피델 카스트로가 2008년 국가 원수 자리에서 물러난 이후에야 라울 카스트로는 자영업과 사유재산 소유 등을 허용하는 개혁 조치를 단행했고, 미국과 협상을 시작해 양국 간의 화해 분위기가 조성될 수 있었다.

## 【인권】

쿠바의 인권상황은 그 정치체계 안에 내재된 모순을 잘 보여준다. 쿠바는 미국이 해외침략을 계속 자행하고 있으며 미국 내 소수인종을 홀대하고 있다고 비난하지만, 정작 자신들은 반체제 의견을 강력하게 탄압하고 공산당의 지시에 벗어난 출판물을 검열하며, 반체제 인사들을 잡아들여 옥살이를 시키고 있다. 바티스타 지지자들을 줄 세워 총살했던 혁명 초기에 비한다면 상황은 많이 개선되었지만, 종교와 성적 정체성에 대한 자유는 상대적으로 최근이 되어서야 인정받기 시작했고 언론의 자유는 여전히 심각하게 제한되어 있다.

쿠바는 자신들이 오랜 세월 계속된 가난을 벗어나기 위해 최선을 다하고 있으며, 미국의 대쿠바 금수조치 아래 세계무대에서 고립되어 있는 작금의 상황 타개를 위해서도 노력하고 있다는 이유를 들어 쿠바의 인권 상황이 그렇게 나쁘지 않다고 변호하고, 혁명이 수포로 돌아가서는 안 된다고 주장한다. 국제사면위원회는 쿠바의 인권 상황을 비난하면서도, 미국의 대쿠바 금수조치와 쿠바의 '민주주의 건설'을 위한 미국의 재원 모금이 쿠바 정부가 반체제 인사들을 모두 친미파로 몰아가는 데 일조했다고 일침을 놓았다.

2015년 양국의 외교관계가 정상화되기 전, 미국의 버락 오바마 대통령은 정치 수감자들을 석방할 것을 강력하게 요구했고 그 결과 53명의 정치범이 석방되었다. 어느 정도의 자유를 허용해야 하는지에 대한 논의는 계속해서 진행 중이지만, 미국의 대쿠바 무역 봉쇄조치와 관광 제한조치가 완화되는 가운데, 정부에 반하는 의견은 무조건 용납하지 않겠다는 쿠바의 주장은 점점 더 공허한 외침이 될 것으로 보인다.


## 경제

쿠바는 아직까지도 중앙집권 계획경제를 시행하는 소수의 국가 중 하나로, 국가가 여전히 제1의 고용주다. 역사적으로 쿠바 경제의 기둥이었던 설탕은 주 외화 수입원의 자리를 관광 산업과 해외에서 보내주는 송금, 니켈에게 내주었다.

쿠바는 세계 6위의 니켈 수출국으로 세계 니켈 매장량의 30%에 달하는 양이 쿠바에 매장되어 있다. 니켈의 최대 생산지는 올긴 주 모아 시에 위치한 제련소로, 캐나다 회사인 셰리트 인터내셔널이 쿠바 정부와 합작으로 운영하고 있다. 중국과 미국 광산회사들도 방대하게 매장되어 있는 쿠바의 니켈과 코발트에 호시탐탐 눈독을 들이고 있다.

2011년 미국의 버락 오바마 대통령이 쿠바에 대한 송금 제한을 완화한 이후, 쿠바로 들어오는 해외 송금이 크게 늘어 2013년에는 미국, 멕시코, 스페인에서 쿠바에 있는 친척에게 보낸 돈이 27억 7,000만 달러에 달했다.

의료분야에서 쿠바는 생명공학과 의약품을 수출하고 있다. 또한 유명 관광지로서의 입지와 뛰어난 가격 경쟁력을 갖춘 의료서비스, 수준 높은 의료진을 활용한 의료관광 시장을 적극 개척해 외화를 벌어들이고 있다.

쿠바의 뛰어난 의료 수준은 원료공급에도 도움이 되고 있다. 쿠바의 원료공급에 한 축을 담당하는 상호협정 중 하나로 베네수엘라의 우고 차베스 대통령과 맺은 에너지협력협정을 들 수 있다. 베네수엘라가 공급하는 석유의 대금 일부를 베네수엘라의 빈곤층이 의료서비스를 받을 수 있도록 의료진으로 보내고 있는 것이다. 이후에는 에콰도르, 볼리비아, 브라질 등 미주대륙의 볼리바르 동맹Bolivarian Alliance for the Peoples of Our America 소속 국가들이 이 모델을 모방하기도 했다.

최근에는 담배, 럼, 해산물, 감귤류 과일, 커피의 수출량이 증가하고 있다.

특별기간이 쿠바에 남긴 긍정적 유산으로 대규모 친환경 유기농업을 꼽을 수 있다. 특별기간 동안 시작된 이 친환경 유기농업 실험은 큰 성공을 거두어, 쿠바 전역에서 유기농으로 작물을 재배하게 되었다. 현재 쿠바는 친환경 유기농법을 유일

한 합법적 농법으로 인정하고 있다.

이제까지 쿠바 경제는 숱한 위기를 겪었다. 1990~1993년에는 수출량이 35% 급감했고 2008년에는 세계 경제위기로 인해 수입이 급감했으며, 강력한 허리케인이 덮쳐 큰 피해를 입기도 했다. 하지만 이제 쿠바 경제는 연간 2~3%의 성장률을 기록하며 회복세를 보이고 있다. 특히 미국과의 화해 분위기가 조성되면서 경제성장률은 점점 높아질 것으로 기대되고 있다.

【 완전고용에서 자영업으로 】

1993년 설탕 수출량 급감과 정부인력 감축으로 실업 인구가 늘자, 쿠바 정부는 자영업을 합법화했다. 초반 자영업은 소규모 가족기업과 소수의 특정영역 관련 기업으로 엄격히 제한되었지만 정부가 승인한 영역은 점차 늘어났다. 현재 정부의 인가를 받은 소규모 기업, 또는 쿠엔타 프로피스타스cuenta propistas는 50만 개에 이른다. 초반 정부는 게스트하우스와 소규모 음식점인 팔라다르, 자전거 수리점, 구둣방에 한해 허가를 내주었지만 이제는 부동산이나 승용차를 사고파는 업장도 허가하고 있다.

쿠바 정부는 민간기업의 중요성을 점차 인정하고 있다. 전 세계의 칭송을 받는 쿠바의 무상교육, 의료체계를 지탱해줄 재원이 바로 이 민간기업이 납부하는 세금에서 나오기 때문이다. 1996년에 소득세가 도입되었다. 이제껏 국가에서 주는 수당과 연금에 의존해 살다 여윳돈이 필요하면 소규모 사업을 하거나 물물교환을 했던 쿠바인에게 소득세는 충격으로 다가왔다. 쿠바의 소득세는 최저 4%, 최고 50%에 이른다. 소득세는 쿠바에 거주하는 쿠바인뿐 아니라 해외에 거주하는 쿠바인에게도 적용되며, 쿠바에 임시 거주하는 이들이 버는 수입에도 적용된다. 기업세는 35%로 소득세보다 낮은 편이다.

쿠바인들을 놀라게 한 것은 비단 이것뿐만이 아니다. 국가 보조금을 받아 저렴하게 살 수 있는 국영상점의 배급품에 익숙했던 그들에게, 민간상점에서 판매하는 식료품과 의류의 비싼 가격은 또 하나의 충격으로 다가왔다. 민간기업이 허용되면서 여전히 국가가 주는 수당에 의존하며 한 달에 15~25달러 정도를 버는 쿠바인들 대부분과 민간 부문, 특히 관광업에 종사하며 한 달에 수백 달러에서 수천 달러를 버는 쿠바인 사이에 수입 격차가 커지고 있다.

해외에서 받는 송금도 빈부격차를 부추기고 있다. 해외에 있는 친척이 보내준 돈을 종자돈으로 삼아 소규모 기업을 창업하는 경우가 대부분이기 때문이다. 미국에서 쿠바로 보내는 송금 규제가 완화되자, 미국에서 송금을 받는 사람과 그렇지 못한 사람들 간의 간극이 벌어져 쿠바 사회에 큰 영향을 미치고 있다. 앞으로 쿠바 경제는 사회주의와 자본주의가 조화된 방향으로 발전할 가능성이 높다. 쿠바답게 실용적이고 창의적인 해결법이다.

## 향후 미국과 쿠바의 관계 전망

많은 사람들은 1960년대 시작된 쿠바와 미국의 대립관계가 오늘날까지 지속된 것에 놀라움을 표한다. 쿠바에 대한 미국의 금수조치는 쿠바의 경제와 사회발전을 분명 저해했고, 미국의 경제적 이익에도 손해를 끼쳤다. 미국과의 대치관계 속에서도 쿠바의 정권은 전복되지 않고 오늘날까지 유지되었고, 미국 정부는 쿠바를 늘 눈엣가시처럼 여겼다. 때때로 양국 관계의 '정상화'가 가능해 보인 때도 있었다. 하지만 미국 선거에 지대한 영향력을 끼치고 있는 마이애미주의 반 카스트로 망명 세력이 미국 정책에 영향력을 행사하는 바람에 양국의 대치관계는 계

속되었다.

2009년 버락 오바마가 취임한 후, 미국 정부는 쿠바에 대해 이렇다 할 조치를 취하지 않는 것처럼 보였다. 하지만 2014년 오마바와 라울 카스트로는 양국 관계를 정상화시키기 위한 단계를 밟겠다고 선언했다.

2015년 4월 미국이 테러지원 국가목록에서 쿠바를 삭제하자, 이에 대한 화답으로 쿠바는 정치범 53명을 석방해 양국의 외교관계가 다시 재정립되는 계기를 만들었다. 장장 54년간의 적대관계를 끝내고, 2015년 7월 쿠바는 워싱턴에 쿠바 대사관을 재개설했으며 미국 또한 아바나에 대사관을 개설했다.

# 02

## 가치관과
## 사고방식

사회 각계각층의 쿠바인들은 조국의 사회주의 정권과 혁명으로 완성한 사회에 깊은 충성심을 가지고 있다. 이들은 쿠바가 물질적으로 부족한 것은 사실이지만 문화적 풍요로움이 그 부족함을 상쇄하고도 남는다고 생각하고, 부를 좇아 해외로 나가기보다는 조국에서 힘든 시간을 감당하길 선택한다.

쿠바니아Cubanía, 쿠바네오Cubaneo, 쿠바니다드Cubanidad 등 '쿠바다움'을 지칭하는 단어는 여럿 있지만 '쿠바다움'이 진정 무엇인지 확실히 아는 사람은 없었다. 쿠바의 인류학자 페르난도 오르티스(1881~1969)는 '쿠바니아'란 자신이 쿠바인이라는 의식과 쿠바 여권과 쿠바에서 태어난 것 이상으로 쿠바인이 되고자 하는 의지와 열망이라고 정의했다.

쿠바인의 핏속에는 사회주의에 대한 충성심보다 애국심이 더 깊게 흐르고 있다. 쿠바인 특유의 화법과 재기 넘치는 표정에도 그 애국심이 깊게 박혀 있어, 한눈에 그가 쿠바 사람이라는 것을 알아볼 수 있을 정도다. 삶의 구석구석에 배어 있는 음악과 춤 문화, 음식평론가들은 비웃을지언정 쿠바인들은 사랑해 마지않는 돼지고기와 콩, 플랜테인 등 현지음식, 아무리 어려운 상황 속에서도 서로를 웃게 만드는 농담, 남녀를 불문하고 엉덩이를 들썩이며 걷는 걸음걸이도 쿠바다움의 상징일 것이다.

호세 마르티 같은 독립영웅이 쿠바인들의 심금을 울리는 이유도 단지 나라의 독립을 위해 싸우다 죽었기 때문이 아니라, 마르티가 미국으로 망명해 쓴 시에 쿠바를 그리는 향수가 절절히 묻어 있기 때문이다.

쿠바인들이 느끼는 조국에 대한 자부심이 지난한 독립투쟁에서 비롯되었다는 것은 부인할 수 없는 사실이지만, 쿠바인의 정체성은 자유에 대한 갈망에 국한되지 않는다. 쿠바니아라는 단어에는 쿠바인들이 힘든 시간을 견딜 수 있게 도와준 저항정신과 회복탄력성, 인내심 그리고 오늘은 내일보다 나은 하루가 될 것이라는 희망이 모두 들어 있다.

## 오뚝이 정신과 강한 생활력

쿠바 사람들은 아주 오래 전부터 탁월한 창의력과 역경에도 굴하지 않고 다시 일어나는 강한 정신력을 가지고 있다. 또한 이들은 아주 오래된 물건도 멀쩡하게 수리해 오래 쓰는 데 뛰어나다. 특별기간 동안 극도의 궁핍함 속에서 그들을 견디게 해준 것도 바로 이런 능력이었다. 더 이상 부품을 구할 수도 없는 빈티지 미국 자동차나 중국 자전거를 아직도 거리에서 볼 수 있는 데서 이를 확인할 수 있다.

생태환경보전과 재활용, 친환경 유기농업에서도 이런 창의력과 기발함이 잘 드러난다. 특히 특별기간 동안 시작된 친환

경 유기농업은 지속가능한 농업의 바람직한 모델로 인정받아 해외 여러 나라의 롤모델이 되었다.

쿠바인들은 기업가 정신도 뛰어나다. 1980년대 쿠바인들은 아주 작아도 기회만 있으면 소규모 기업체를 설립해 도전했다. 단 몇 주 후 문을 닫는 한이 있어도 결코 모험을 두려워하지 않았다. 1993년 자영업이 합법화되자 소규모 기업체 등록 신청이 물밀 듯 쏟아졌다. 등록을 신청한 기업 중 규모가 작은 업체들은 이미 비밀리에 운영되고 있었던 것들이 대부분이었다.

미국과의 화해 분위기가 조성되면서 쿠바의 기업인들에게

도 더 많은 길들이 펼쳐졌다. 기존의 작은 음식점들은 뉴욕이나 런던이 부러워할 만한 팝업 스타일의 유기농 레스토랑으로, 게스트하우스는 고급 부티크 호텔로 변신하고 있다.

## 혁명정신

### 【 애국심 】

쿠바 비공식 국가의 가사, '쿠바여, 이 얼마나 아름다운 땅인지¡Cuba, qué linda es Cuba!'에서 쿠바인들 혈관 깊숙이 흐르는 애국심을 확인할 수 있다. 쿠바인들은 자기 조국에 깊은 충성심을 가지고 있어 조국을 버리고 다른 곳으로 떠나려 하는 사람들을 이해하지 못한다. 많은 이들이 쿠바를 떠난 것은 사실이지만, 그들도 조국에 대한 사랑을 잊지 않고 살아가고 있다. 쿠바 출신의 이민자들이 고국의 생김새와 맛, 소리까지 재현해놓은 미국의 '작은 아바나'가 그 좋은 예일 것이다.

혁명으로 이룬 성과에 대한 자부심은 여전히 대단하다. 나라를 비판하는 이들조차 혁명을 통해 이룬 사회적, 문화적 발전은 폄하하지 않는다. 무상교육과 의료가 없는 삶을 상상조차 할 수 없는 젊은 세대는, 소비재나 초고속 인터넷이 부족한 현실에 대해 불만만 늘어놓을 뿐이다. 사람들은 보통 조직이 아닌 개인을 비난하고, 정부보다는 '관료주의'를 비판한다.

사회 각계각층의 쿠바인들은 조국의 사회주의 정권과 혁명으로 완성한 사회에 깊은 충성심을 가지고 있다. 이들은 쿠바가 물질적으로 부족한 것은 사실이지만 문화적 풍요로움이 그 부족함을 상쇄하고도 남는다고 생각하고, 부를 좇아 해외로 나가기보다는 조국에서 힘든 시간을 감당하길 선택한다. 심지어 청교도적 관점에서 먹고사는 문제를 바라보는 사람도 있다. 쿠바를 방문한 사람들은 이렇게 쿠바 안에 다양한 의견이 존재하고, 모두 자신의 의견을 열정적으로 설파하는 모습에 놀란다.

## 【 영웅과 상징 】

쿠바인들에게 호세 마르티는 조국을 상징하는, 강력한 영향력을 가진 인물이다. 정부와 쿠바의 망명 단체는 이제까지 이런 마르티를 효율적으로 활용해왔다. 망명자들은 '마르티'라는 라디오 방송국을 세워 카스트로에 반대하는 내용을 방송했고, 정부는 전략적으로 사회주의에 대한 목소리를 낮추고 마르티를 내세워 민족주의 정서에 호소했다. 피델 카스트로도 여전히

우상시되고 있다. 특히 노인층에서 그런 경향이 두드러지지만, 그가 해방시킨 여러 세대도 그를 위대하게 생각하는 것은 마찬가지다.

정부가 공식적으로 미사여구를 동원해 찬양할 뿐 아니라 사람들의 일상 대화에도 자주 등장하고, 전국에 우뚝 솟은 옥외 광고판에서도 쉽게 볼 수 있는 영웅이 있다. 1967년 볼리비아에서 쿠바 스타일의 민중혁명을 이끌다 실패해 처형당한 아르헨티나 출신의 젊은 의사이자 혁명가, 에르네스토 체 게바라다. 베레모를 쓰고 수염이 얼굴을 덮은 게바라의 얼굴은 수백만 장의 티셔츠에 인쇄되는 등 불후의 명성을 누리고 있다.

## 〔 공동체와 협력 〕

혁명 전부터 강력했던 쿠바의 공동체정신은 1959년 혁명 이후, 다양한 지역공동체와 대중조직이 창설되고 국민 모두가 하나 되어 번영과 역경의 부침을 겪으며 훨씬 더 단단해졌다. 특히 1989년 생활수준이 급격하게 하락했을 때에는, 사회가 무너질 것이라는 일각의 예측과는 달리 시민이 한데 단합해 위기를 극복함으로써 강한 공동체정신을 보여주었다. 많은 외국인들이 쿠바 사람들의 공동체정신과 개인의 이익보다는 집단의 이익을 우선시하는 사고방식에 깊은 인상을 받는다. 쿠바 사람들은 이웃을 아주 소중하게 생각하고, 당연하다는 듯 서로 협력하고 도우며 서로를 보살핀다.

쿠바인들은 쿠바 현지인들은 물론 외지인들에게도 예의 바르게 대우한다. 혁명 시절 사용하던 호칭인 '콤파네로 Compañero'(동무에 해당)도 여전히 널리 사용하고 있다. 쿠바인들도 물질적인 안락과 부를 추구한다. 하지만 대체로 사회적 지위에 연연하지 않으며 허례허식이 없다. 소득격차는 상대적으로 작은 편이나, 나라에서 마련한 일자리가 줄어들고 민간기업의 일자리가 늘어나면서 이 격차 또한 늘어나고 있다.

## 반체제 의견

쿠바는 애국자들이 많은 나라지만, 역설적이게도 사람들은 반대 의견을 표하는 데 거침이 없다. 하지만 카스트로에 반대했던 사람들은 쿠바에 남아 반대세력을 조직하기보다는 나라를 떠나는 성향을 보였고, 이는 카스트로 정권이 장수할 수 있었던 이유 중 하나로 꼽힌다. 여전히 쿠바 안에는 체제에 반대하는 목소리가 존재하지만, 조직적이지는 않기 때문에 힘이 없고 효과도 별로 없다. 쿠바에서 만나는 사람들에게서 이런 저런 불만을 들을 수는 있겠지만 '저항운동'을 보여주는 확실하고 구체적인 증거를 얻기는 아주 힘들 것이다. 이런 증거는 체제를 극도로 수호하는 편과 극도로 반대하는 양 극단을 자극하기 때문이다. 또한 이런 이야기를 은밀하게 하거나 과장해서 하는 쿠바 사람들의 성향도 진실을 파악하는 데 방해가 된다.

### 【 관료주의에 대한 불만 】

1960년대부터 쿠바인들은 정부, 그중에서도 특히 관료주의에 대한 불만을 일상적으로 토로했고 지금까지도 계속하고 있는데, 이런 정도의 비난으로 반체제 인사로 낙인찍혀 구속되지는 않는다. 쿠바 사람들은 미국의 금수조치 탓을 할 수 없는 일에 관해서는 원칙에 메여 융통성이라고는 찾아볼 수 없는 쿠바의 관료주의를 비난하는 경향이 있다. 하지만 공무원이 되어 책상에 앉으면 이제껏 관료주의를 욕하던 이들도 엄청나게 관료적이 되는 것이 아이러니한 현실이다. 아바나 공항에서 쿠바 비자를 받기 위해 줄 서본 사람이라면 누구나 알 수 있을 것이다.

피델 카스트로도 1993년 열린 쿠바 의회 연설에서 공무원 조직의 '효율적 개혁'이 필요하다고 선언하며, 관료주의에 대한 불만을 드러낸 바 있다. 부조리한 관료주의를 풍자한 〈한 관료의 죽음La muerte de un burócrata〉(1966)과 〈관타나메라Guantanamera〉(1995) 등 코미디 영화도 있었다. 사실 쿠바인들은 일상에서 법을 지키지 않아도 되는 방법을 찾거나 아니면 법을 무시함으로써 대단하지는 않아도 소소하게 저항하고 있다.

관광객들에게 완전 불법인 서비스를 권하는 사람들에게서 그런 저항을 확인할 수 있다. 쿠바에 현존하는 무정부주의적 흐름은 과거 노동자 운동과 20세기 초반 쿠바로 이주해온 노동조합주의자와 스페인 사람들의 영향 아래 형성된 것으로, 쿠바만의 독특한 사회주의 탄생에 초석이 되었다.

## **인종** 가치관

쿠바는 진정한 의미에서 인종의 용광로다. 현재 쿠바에는 원주민이었던 타이노족과 무력으로 섬을 빼앗고 다스렸던 스페인 사람들, 아프리카에서 끌려왔거나 아이티의 프랑스 농장에서 탈출해 쿠바로 건너온 100만 명이 넘는 흑인 노예들, 1970년대와 1980년대, 뜨거운 태양을 즐기러 왔다가 그대로 눌러 앉은 동구권 사람들 등 다양한 인종이 섞여 살고 있다. 수백 년 동안 다른 인종 간 결혼을 해왔기 때문에, 전체 인구의 70%가 혼혈 인종으로 추정된다. 이런 복합적인 인구 구성이 있었기에 오늘날 독특한 쿠바만의 문화가 탄생할 수 있었던 것이다.

신정부는 혁명 후 곧바로 인종 평등을 선언했고, '백인 우대'를 철폐하는 법도 신속하게 통과시켰다. 흑인과 백인을 분리했던 시절을 살았던 노인층 흑인들은 아직도 인종차별을 철폐했다는 이유로 피델 카스트로를 찬양한다. 하지만 법과 현실 사이에는 여전히 간극이 있다. 공식적으로는 모든 인종차별이 철폐되었지만, 현실 속에서는 여전히 백인은 우대를, 흑인은 홀대를 받고 있다.

혁명 후 흑인들은 기존에는 누리지 못했던 의료, 교육 서비스를 받았고, 괜찮은 일자리도 구했다. 혁명 후 수많은 부유한 백인들이 쿠바를 떠났지만, 쿠바 사회의 주류는 여전히 피부색이 밝은 사람들이다. 실제로 혁명의 주역들 모두 백인이었다. 오늘날에는 정치 샛별로 떠오르거나 의사나 대학교수처럼 전문직에 종사하는 흑인 인구가 조금씩 늘어나고 있기는 하지만, 지금까지도 일류 직업에 종사하는 흑인은 거의 없는 것이 현실이다.

벌이가 괜찮은 관광부문의 일자리도 거의 피부색이 밝은 쿠바인들이 차지하고 있다. 관광부문의 수입은 호텔 벨보이가 한 번 받는 팁이 의사의 한 달 월급보다도 많을 정도다. 뿐만 아니라 혁명 후 쿠바를 떠난 계층이 주로 백인 중산층이었던 만큼, 오늘날 창업 종자돈으로 쓸 돈을 외국에 있는 가족에게서 받는 이들도 바로 이 계층이다. 현재 쿠바에는 외화를 가진 이들과 그렇지 못한 이들 사이의 간극이 더욱 벌어지면서 새로운 계급이 생겨나고 있다.

지난 수십 년 동안 정부는 쿠바의 인종차별이 철폐되었다고 주장하며, 그 문제를 다시 거론하는 것은 반혁명적인 일로 간주했다. 인종차별 금지법이 제정된 후 백인만 입장할 수 있는 클럽이나 장소를 없앴지만, 동시에 흑인만 입장할 수 있는 장소도 없애, 흑인들이 인종차별을 논하기도 힘들어졌다.

하지만 1990년대 후반, 쿠바의 학자들과 정부 관료들이 다시 인종차별 문제를 돌아보기 시작했다. 또한 2001년 피델 카스트로가 남아프리카공화국 더반에서 열린 유엔 세계인종차별철폐회의에 참석하면서, 이 주제에 대한 토론의 장이 활짝 열렸다. 오늘날 젊은 흑인 인구는 랩 음악으로 인종차별을 비판하고 있어, 쿠바 전역에 인종차별에 대한 인식이 더 높아지고 있다.

## 종교 가치관

쿠바는 헌법에 의거해 '종교의 자유를 인정하고 존중하며 보장한다'고 말하지만, 가톨릭교회가 피델 카스트로 정권에 반하는 말을 한 이후, 쿠바 정부는 가톨릭학교와 수많은 성당을 폐쇄하고 성직자 수를 제한했다. 마찬가지로 개신교와 유대교회당도 폐쇄했고 1975년에는 여호와의 증인을 전면 금지했다.

이런 종교 탄압 가운데서도 가톨릭은 조용

히 살아남았지만 사실 쿠바는 다른 가톨릭 국가들과는 달리 가톨릭을 열렬히 신봉한 적이 없었다. 그 이유 중 하나로 아프리카에서 넘어와 쿠바에 맞게 변형된 토속신앙을 들 수 있다. 오늘날에도 이 토속신앙을 믿는 사람들을 쉽게 찾아볼 수 있다. 하지만 쿠바 정부가 1998년 가톨릭을 재인정한 뒤, 가톨릭의 가치와 규율에 관심을 갖는 쿠바인들이 계속해서 늘고 있다. 또한 가톨릭을 믿었다가 정부의 탄압에 잠시 믿기를 포기했거나, 자신의 신앙을 숨겨왔던 이들도 점차 가톨릭으로 돌아오고 있다.

하지만 가톨릭에 대한 탄압이 일어나고, 경제적인 어려움으로 힘들 때에도 쿠바의 수호자, '엘 코브레의 성모 Virgin of El Cobre'에 대한 숭배는 식을 줄 몰랐다. 엘 코브레의 성모는 이 나라 국민들의 마음속에 특별한 자리를 차지하고 있는 국가적 상징으로, 가톨릭의 동정녀 마리아 숭배를 나타나기도 하고, 사랑과 춤의 신령 오리샤 orisha의 분신으로 여기기도 한다.

지난 수십 년 동안 유대교는 심한 탄압을 받았고, 카스트로가 권력을 잡았을 당시 쿠바에 거주하던 1만 5,000여 명의 유대인들은 쿠바를 떠났다. 하지만 오늘날 유대인 공동체가 다시 살아나고 있고, 수도 아바나와 카마구에이에는 유대인

회당도 있다.

무슬림 공동체는 약 4,000명 정도로 그 영향력이 강력하다. 대부분 레바논계 후손이 그 구성원이지만, 쿠바인 중 무슬림으로 개종한 사람도 더러 있다. 아직까지 쿠바에는 모스크가 없지만, 아바나의 아랍 문화 박물관에 기도실이 마련되어 있다. 사우디아라비아는 아바나에 모스크를 세우기 위해 필요한 현금 지원을 약속하고 정부 승인을 기다리는 중이다.

## 【 산테리아 】

배에 실려 쿠바로 끌려온 아프리카 노예를 통해 요루바Yoruba족의 종교가 쿠바에 들어왔고, 이는 수백 년의 세월을 거쳐 아프리카와 쿠바의 종교가 결합된 산테리아Santería로 발전했다. 아주 오랜 시간 동안 산테리아를 믿는 신자들은 아바나의 빈곤 지역에 위치한 주택이나 깊은 숲속에서 의식을 행하며 비밀리에 신앙을 지켜왔다. 하지만 오늘날에는 인종, 정치색, 연령, 사회계급에 상관없이 많은 사람들이 공개적으로 산테리아를 신봉하고 의식을 행하고 있으며, 어디에서나 그 모습을 볼 수 있다.

쿠바의 인기가요 중에는 오리샤를 주제로 한 노래가 많고,

전 세계적으로 인기를 끌고 있는 쿠바의 인기 힙합 그룹 중 '오리샤'라는 이름도 있다. 쿠바 영화에는 산테리아 의식 장면이 심심치 않게 등장하고, 국립무용단은 '아바쿠아Abakuá' 춤을 주요 레퍼토리로 하고 있다.

지난 10년간 아프로 쿠바의 전통과 종교에 대한 도서가 많이 출판되어 사람들에게 정보를 제공했다. 산테리아에 대해 호기심이 있는 관광객이라면 유료 관광 프로그램에 참여해 북을 치며 주문을 외우고 춤을 추는 산테리아 의식을 참관할 수 있다.

오늘날에는 아프리카-쿠바의 종교를 토속신앙과 기독교에서 분리해, 그 원래의 가치와 전통 의식을 복구하자는 움직임이 활발하게 일어나고 있다.


## 성평등

쿠바를 방문해본 사람들, 그중에서도 남성들이 받은 쿠바에 대한 강렬한 인상 중 하나는 언제 어디에서라도 성에 대한 담론을 자유롭게 펼치며, 쿠바의 여성들은 아주 대담하고 적극적이라는 것이다. 실제로 쿠바인들은 다른 모든 것에 그렇듯 성에 대해서도 솔직하고 거침없이 이야기한다. 하지만 이런 성에 대한 분방한 태도는 어디에나 만연한 마초이즘 때문에 상당히 왜곡되어 있다.

성생활은 성평등을 이루겠다는 혁명의 열망 아래 이루어지고 있다. 때문에 이혼율이 높고, 동거 인구도 많다. 낙태가 합법이기 때문에 혼전 성관계나 혼외 성관계에 대한 부담도 적다.

쿠바의 여성들은 다른 개발도상국의 여성들보다 더 독립적이다. 여성들도 모두 직장에 다니고 돈을 벌 뿐 아니라 국가에서 제공하는 보육 서비스를 누리기 때문에, 경제적 이유로 불행한 관계에 메여 있지 않는다. 그렇긴 하지만 쿠바인들에게 가족은 매우 중요한 의미를 갖는다. 쿠바 문화는 모성과 아이들을 숭상하며, 이 때문에 젊은 여성들 대부분은 결혼해 가정을 꾸리길 원한다. 매춘부의 길을 선택하는 여성들은 너무 가난해 다른 방도를 찾기 힘든 경우가 대부분이다.

쿠바의 남성 우월주의는 라틴 아메리카에서도 최악이라고 알려져 있다. 그 역사적 기원은 여성을 누군가의 소유물로 취급하고, 노예 주인들이 여성 노예에게 성적 권리를 행사했던 노예시대로 거슬러 올라간다. 쿠바 정부가 '가족 규칙'(1975) 등 양성평등을 위한 법과 정책을 실시하고, 최근에는 가정폭력을 근절시키기 위한 추가 조치를 도입했지만 남자들이 성 파트너를 여럿 갖는 남성중심문화는 여전히 현존하며, 가정폭력도 근절되지 않고 있다.


## 성적소수자


2015년 8월 아바나의 한복판에서 제8회 동성애와 성전환 혐오를 반대하는 가두행진이 열렸다. 약 1,000명의 레즈비언, 게이, 양성애자, 성전환자들이 참여해 동성결혼의 합법화를 외친 이 행진에서 지난 몇 년간 쿠바의 성소수자 인권이 얼마나 향상되었는지를 확인할 수 있었다. 가두행진은 분명 시위였지만, 동시에 성소수자들이 자신의 정체성에 대한 자부심을 가지고 즐긴 축제이기도 했다. 아마도 이 행진의 가장 놀라운 점은 이를 조직하고 주최한 이가 국가원수 라울 카스트로의 딸, 마리엘라 카스트로라는 사실일 것이다. 마리엘라 카스트로는 성별, 인종, 종교에 근거한 차별 철폐를 적극 주장하며 다양한 활동을 펼치고 있다.

세 자녀를 둔 이성애자 마리엘라는 2000년 인권 단체인 국립 성교육센터CENESEX의 소장으로 임명된 뒤, 성소수자 인권 개선을 위해 힘쓰고 있다. 국립 성교육센터는 성교육 강의, 에이즈 예방 강의, 무료 콘돔을 제공하고 있으며 성소수자를 포용할 수 있도록 가족과 지역공동체를 설득하는 일을 맡고 있다. 마리엘라의 로비활동 덕분에 2008년 쿠바 정부는 성전환 수술 희망자들에게 무료로 수술을 해주는 법을 승인했다. 또한 2013년에는 성적 정체성을 이유로 한 직장 내 차별이 금지되었다.

이는 동성애자라는 이유로 감옥에 가야 했던 혁명 초기에 비하면 큰 변화임이 틀림없다. 당시 성적소수자의 참혹했던 상황은 시인 레이날도 아레나스의 자서전 『밤이 오기 전에Antes Que Anochezca』에 생생하게 묘사되어 있다. 마리엘라가 성적소수자를 대변해 최선을 다해 노력한 까닭일까, 피델 카스트로는 2010년 동성애자들을 노동 수용소에 보냈던 것은 '매우 불공평했던 처사'였음을 인정하고, 동성애를 '개인의 취향이며 자연스러운 현상'이라고 말했다.

다른 라틴아메리카에서와 마찬가지로 쿠바에서도 동성애자를 비하하는 '호모'라는 말을 여전히 들을 수 있지만, 쿠바 사회는 그 어느 나라보다도 넓은 마음으로 동성애 문화를 받아들이고 있다. 이런 사회적 분위기에 아름다운 해변과 관능적인 음악, 열대의 기후가 더해져 최근 쿠바에는 성적소수자들을 대상으로 한 관광 패키지 붐이 일기도 했다. 아바나와

## • 시골은 시시해, 도시인 아바네로 •

쿠바의 수도 아바나에 거주하는 사람들을 아바네로(Habaneros)라고 부른다. 아바네로들은 쿠바에서 가장 크고 분주하며 개발된 도시에 살고 있다는 데 큰 자부심을 가지고 있으며, 다른 지역 출신인 사람들을 '촌놈'이라 부르며 무시하기도 한다.

해변, 말레콘 산책로, 방파제와 가까운 곳에 위치한 베다도 구역은 무료 예술 공연, 발레, 연극, 콘서트가 거의 매일 밤 펼쳐져 시간을 보내기 좋다. 베다도 구역에 가면 이 도시의 국제적인 자부심이 어디에서 오는지 두 눈으로 확인할 수 있을 것이다.

산티아고 데 쿠바에서는 동성애자들이 조심스럽게 사랑을 속삭인다면, 해변 관광지의 동성애자들은 더 적극적으로 사랑을 표현한다.


## **외국인**을 바라보는 시선

쿠바 사람들은 언제나 외국에서 온 방문객을 따뜻하게 반기고, 무한한 호기심과 관심으로 그들을 대한다. 관광 제한으로 인해 쿠바인들이 더 부유해질 수 있었던 기회가 번번이 막혔던 것을 생각하면 놀라운 일이다.

오랜 세월 동안 쿠바 사람들은 서구 세계가 잘 알지 못하는 나라, 말하자면 러시아, 불가리아, 체코, 유고슬라비아, 동독 사람들과 친하게 지냈다. 수십 년 동안 쿠바 경제는 소련에 과도하게 의존했지만 사실 쿠바 사람들은 동구권 사람들, 특히 러시아인에 대해 특별히 호감을 가졌던 적이 없다. 오히려 사석에서 그들을 놀림과 조롱의 대상으로 삼을 때가 더 많았다. 한편 쿠바는 자신들이 서유럽으로부터 고립되었다고 느껴 예전부터 서유럽에서 온 관광객을 보면 그에 대해 무자비한 질문을 쏟아놓았고, 오늘날도 여전히 그렇다.

쿠바 문화는 라틴아메리카와 미국 문화와 닮은 구석이 많다. 라틴아메리카 사람에 대한 태도는 그 출신국가와 정치에 따라 달라지는 경향이 있는데, 특히 멕시코를 연대의 보루라 여긴다. 한편 쿠바 사람들은 대체적으로 자신들의 교육, 의료, 사회복지가 다른 나라보다 훨씬 낫다고 여기고 있고, 바로 그런 이유로 다소 우월감을 느낀다.

문화적으로 쿠바는 다른 카리브해 국가들과 문화적으로 밀접한 관계가 있음을 인정한다. 쿠바인들 중 흑인과 흑인 혼혈에게 아프리카는 선조들의 땅이며, 이런 유산을 반영해 아프로 쿠바에 관한 연구가 계속해서 늘고 있다.

당연하게도 미국에 대한 쿠바인의 시선은 복합적이다. 정치적으로 미국과 대치하고 있는 현 상황은 쿠바인들을 한데 결속하게 만드는 요인으로 작용한다. 또 미국인의 의견에 대해서는 더 민감하게 반응하고 그 말에 미묘한 뉘앙스가 있다고 여긴다.

2005년 허리케인 카트리나가 미국을 강타하자, 쿠바인들은 피해지역에 흑인과 빈곤층이 유독 많았던 것을 언급하며 연대의 메시지를 발표했다. 실질적으로 쿠바인 중에서 미국에 친척이나 친구가 없는 사람은 없을 정도로 쿠바는 여러 측면에서 미국과 가깝다. 쿠바의 문화도 매우 미국적이다. 미국이 쿠바를 실질적으로 통치했던 몇 년간 세워진 도시 인프라는 쿠바의 유산으로 내려오고 있다.

쿠바인도 미국인처럼 야구에 열광하며, 미국식 단어를 즐겨 쓴다. 택시를 '셰비(미국 자동차 브랜드)'라 부르고 팬티는 '블루머'로, 스웨터는 '풀오버'로, 케이크를 '퀘이크'라 부르는 식이다. 이런 모습에서 쿠바 문화가 미국과 얼마나 가까운지를 알 수 있다. 쿠바인들은 미국 소비재와 음악, 패션에 열광하며 엘 파퀘테El Paquete라는 콘텐츠 패키지를 통해 〈빅뱅이론〉부터 〈브레이킹 배드〉까지 미국의 인기 TV 시리즈를 공유한다.

쿠바와 미국 간의 관계가 더욱 친밀해짐에 따라 쿠바 문화에 미국이 미치는 영향은 계속해서 커질 것이다. 미국 문화의 상징인 스타벅스나 맥도날드의 황금색 아치가 쿠바에 들어오기까지는 한참 시간이 걸리겠지만 말이다.

# 03

## 전통과 풍습

지난 500년 동안 쿠바에는 아프리카인과 유럽인, 혼혈 인종들이 함께 모여 살았다. 누리는 삶은 저마다 달랐지만 말이다. 오늘날의 다채로운 색깔의 쿠바 문화는 그 문화의 요소요소 가 스페인괴 가톨릭의 풍습과 전통, 아프리카의 풍습과 전통에서 온 것이다.

지난 500년 동안 쿠바에는 아프리카인과 유럽인, 혼혈 인종들이 함께 모여 살았다. 누리는 삶은 저마다 달랐지만 말이다. 오늘날 다채로운 쿠바 문화는 그 문화의 요소요소가 스페인과 가톨릭의 풍습과 전통, 아프리카의 풍습과 전통에서 온 것이다. 1975년 피델 카스트로가 쿠바를 '아프로 라틴' 국가라고 선언한 후, 쿠바의 정체성과 그 음악, 춤의 중심에 아프로 쿠바 문화와 종교가 있다는 것을 인정하는 시각이 점차 늘고 있다.

여기에 혁명 문화가 접목되어, 지난 50년 동안 쿠바는 19세기 독립전쟁과 1959년 혁명의 주요 사건을 바탕으로 한 문화, 풍습과 역사 일지를 만들었고, 국민들은 이를 배경으로 삶을 살아가고 있다.


## 가톨릭 전통

쿠바는 스페인에서 다양한 성인들과 의식, 속죄, 기도, 제물, 축제와 금식 일정이 빽빽이 들어찬 가톨릭력을 전수받았다. 특히 성모 마리아와 성인의 현시에 대한 사람들의 관심이 높았다. 혁명 후 정부는 가톨릭을 박해했지만 사람들은 일부 가톨

릭 전통을 여전히 지키며 살아
가고 있다. 쿠바의 수호성인인
엘 코브레의 '자비의 성모'에
대한 숭배가 가장 대표적이다.

정부가 다시 가톨릭을 인정
한 이후, 가톨릭의 전통도 다
시 떠오르고 있다. 요한 바오
로 2세 교황이 1998년 쿠바를
방문해 요청한 결과 크리스마스가 다시 공휴일로 지정되었고,
교황 베네딕토 16세가 쿠바에 다녀간 다음에는 성금요일이 공
휴일로 지정되었다.

## • 엘 코브레의 '자비의 성모'상 •

이야기는 1604~1612년으로 거슬러 올라간다. 인도 소년 두 명과 흑인 노예 소년 한 명이 소금을 모으러 배를 타고 니페만으로 나갔는데 바다 한 가운데서 갑자기 거센 풍랑을 만났다. 위기의 순간 세 소년은 성모마리아에게 기도하며 도움을 구했다. 그랬더니 갑자기 기적적으로 풍랑이 잠잠해지고 작은 자비의 성모상이 파도를 가르며 떠올랐다고 한다.

이 성모상은 산티아고 데 쿠바 근처의 엘 코브레라는 마을의 광산으로 옮겨졌다. 곧 이 성모상을 모시기 위해 성소를 세웠고, 1926년에는 큰 성당을 지었다.

1916년 독립전쟁에 참전했던 군인들의 요청으로 엘 코브레의 자비의 성모는 쿠바의 공식 수호성인으로 인정되었고, 이후 교황 베네딕토 15세는 이 자비의 성모를 쿠바의 공식 성인으로 선언했다. 자비의 성모는 쿠바식 별명도 있는데, 많은 사람들이 이 성모상을 애정 어린 별명, '카치타(La Cachita)'라고 부른다.

사람들은 엘 코브레의 자비의 성모가 아주 오래 전부터 독립과 자유를 쟁취하기 위해 투쟁했던 쿠바의 역사와도 연관이 있다고 여긴다. 혁명이 한창일 때도 엘 코브레의 자비의 성모에 대한 쿠바인들의 사랑은 식을 줄 몰랐다. 미국 마이애미에 가면 그곳에 정착한 쿠바인들이 '라 에르미타 데 라 카리다드(La Ermita de la Caridad)'라는 성당을 세우고 이 성모상을 복제한 동상을 두고 섬기는 모습을 볼 수 있다.

자비의 성모는 산테리아에서 사랑과 부, 깨끗한 물의 여신이자 오리샤 중 가장 많은 사람들의 숭배를 받는 오순(Oshún)에 상응한다. 이 성모상이 오순을 상징하는 색깔인 노란색 또는 황금색 옷을 입고 있는 것도 우연의 일치는 아니다.

9월 8일, 성모의 탄생 축일이면 엘 코브레 성당은 이 성모상을 마차에 모시고 거리를 행진하는 행사를 하는데, 이 행사를 보기 위해 쿠바 전역에서 노란 옷을 차려 입은 신도들이 엘 코브레로 모여든다.

1954년 노벨문학상을 수상한 미국 소설가 어니스트 헤밍웨이는 『누구를 위하여 종은 울리나』와 『노인과 바다』를 쿠바에서 집필했다는 이유로, 자신이 받은 상을 쿠바 사람들에게 바치고 싶어 했고 황금빛 메달을 이 성모상에 바침으로써 그 바람을 이루었다. 1986년 이 메달이 도난당하는 사건이 일어나자, 전국적인 공분이 일었는데 라울 카스트로가 메달을 돌려줄 것을 전국에 호소하자 곧 메달은 제자리로 돌아왔다. 자비의 성모를 믿는 신자들에게는 또 하나의 기적이었다.

기독교력에서 기념하는 부활절과 주현절 등 기타 종교 기념일과 성인 기념일은 교회 안에서만 지켜지고 있다. 이 밖에도 혁명 후 사라졌다가 다시 부활하고 있는 전통으로 스페인의 십자가 순례를 들 수 있다. 이 전통은 올긴 지역에서 행해지는데, 순례자들은 도시 전경이 내려다보이는 높은 곳에 설치된 십자가를 보기 위해 450계단을 올라간다. 또한 쿠바는 지역의 수호성인 축일 등 다양한 성인 기념일을 지키며, 이 날에는 대규모 행사와 가두행진이 벌어진다. 아바나는 도시의 수호성인인 성 크리스토포로 St. Christopher 축일을 지키는데 그 날이 오면 성당은 장엄한 미사를 열어 이 날을 기념하며, 트리니다드는 식민지 시대에 만들어진 도시의 거리를 따라 십자가의 길을 기념하는 전통 퍼레이드를 한다.

## 아프로 쿠바 전통

아프리카 종교는 요루바족 노예들과 그의 후손들이 쿠바에 들어온 뒤, 이단과 우상 숭배라며 박해하는 가톨릭 교계를 피해 비밀종교로 발전했다.

오리샤라는 아프리카 정령들과 가톨릭의 성인을 연계시킨 라 레글라 데 오차La Regla de Ocha, 라 레글라 데 루쿠미La Regla de Lucumi 등 혼합종교도 생겨났다. 산테리아는 모든 성인을 숭배한다는 뜻을 가지고 있지만, 사실 신도들은 약 400여 개에 달하는 지역별 또는 부족별 오리샤 중 자신이 믿는 신들만 숭배한다.

산테리아 의식 중 제일 처음으로 소환되는 신인 엘레구아Elegguá는 남미 가톨릭에서 흔히 볼 수 있는 아토차의 아이Holy Infant of Atocha에, 사람을 창조했다는 오바딸라Obatalá는 가톨릭의 무원죄 잉태 또는 자비의 성모Virgin of Mercy에, 바다의 여신 예마야Yemayá는 아바나항의 수호성인인 레글라 성모Virgin of Regla에, 천

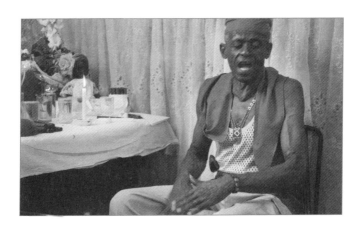

둥번개와 전쟁 그리고 춤과 음악의 신인 상고Changó는 가톨릭의 성 바르바라Saint Barbara에 상응한다.

요루바족의 종교에는 올로두마레Olodumare, 올로피Olofi, 올로룬Olorún이라는 주요 세 신이 있는데, 이 또한 가톨릭의 성 삼위일체에 상응한다.

산테리아의 사제는 바바라오스babalawos라 불린다. 이들은 엄격한 입문 절차를 거쳐 혹독한 훈련을 받는다. 산테리아 의식은 은밀히 행해야만 했던 과거의 영향으로 아직도 가정집에서 열리는데, 의식이 열리는 집에서는 제단을 정성껏 꾸민다. 산테리아 의식에는 춤과 음악이 아주 중요한 역할을 하며, 사람들은 각 오리샤에 대한 노래를 부르고 각 신의 특성을 반영한 춤을 춘다. 이 의식에서 사용하는 타악기 소리는 쿠바의 대표적 음악인 룸바rumba와 손son의 중요 구성요소다. 의식을 진행하는 사제에게는 소환된 신이 임할 수 있으며, 작은 동물을 희생 제물로 바치는 것도 의식의 특징 중 하나다.

산테리아는 쿠바인들의 삶에 아주 깊숙이 박혀 있어, 대중음악이나 거리에서 이 종교에서 직접 파생된 표현들을 쉽게 들을 수 있다. 주문을 뜻하는 '빌롱고bilongo'라는 음악장르가 그렇고, 오리샤의 힘 또는 강력한 생명력을 뜻하는 '아체Aché'라는 단어가 그렇다. 특히 '아체'는 일상에서 '행운을 빈다!'는 뜻으로 사용된다.

아프로 쿠바의 또 다른 종교로는 콩고와 앙골라의 노예들이 쿠바에 들여온 죽은 자를 숭배하는 팔로 몬테Palo Monte가 있다. 엄밀히 말해 종교는 아닌 비밀결사, 아바쿠아Abakuá도 있다. 이 비밀결사는 남성만 가입할 수 있는데, 거의 백인으로 구성되어 있으며 바티스타 정권 시절 폭력으로 악명이 높았다. 오늘날 아바쿠아는 아프로 쿠바의 프리메이슨에 가깝다. 아바쿠아 의식 중 등장하는 가면과 모자를 쓴 작은 악마, 디아블리토diablito는 쿠바 전통문화의 일부가 되었다.

## 역사 기념일

쿠바는 다른 사회주의 사회와 마찬가지로 정치적 기념일과 역사 기념일, 영명 축일을 지키고 있다. 1959년 혁명 이후, 쿠바 정부는 매해 그 연도에 이름을 붙였는데, 이를테면 1960년에는 '농업개혁의 해', 체 게바라가 사망한 다음해인 1968년에는 '영웅 게릴라의 해', 1977년에는 '제도화의 해', 1986년에는 '그란마호 상륙 30주년 해'라고 이름을 붙였다. 2005년에는 '볼리바르 동맹의 해'라는 생뚱맞은 이름을 붙였는데, 여기서 매해 그해의 이름을 짓는 것이 얼마나 골치 아픈 일인지를 살짝 엿볼 수 있다.

쿠바 달력에는 혁명을 기념하는 날들도 많은데, 혁명 기념일에는 연설과 가두행진이 벌어진다. 또한 쿠바는 호세 마르티의 생일(1월 28일), 제2차 독립전쟁 개시일(2월 24일), 피그스 만 습격일(4월 17일), 체 게바라 서거일(10월 6일), 카밀로 시엔푸에고스 사령관 서거일(10월 28일), 혁명 순교자의 날(6월 30일), 기타 독립전쟁과 혁명 전투 중 중요한 일들을 기념하고 있다. 이 밖에도 세계 여성의 날(3월 8일), 어린이날(4월 4일), 스승의 날(12월 22일) 등을 기념한다.


## 문화 행사

쿠바라는 나라와 그 문화를 널리 알리기 위해 쿠바 정부는 영화, 음악, 춤, 도서, 아프로 쿠바 문화에 관한 여러 행사를 적극 후원하고 있다. 축제는 매년 열리는 연례축제부터, 2년에 한 번

## • 문화 행사 소개 •

- **2~3월**  아바나 국제도서전

- **4월**  PERCUBA-아바나 국제 퍼커션 & 드럼 페스티벌

- **5월**  바일레 페스티벌-산티아고 데 쿠바에서 열리는 춤 축제,

  5월 페스티벌-올긴에서 열리는 전통음악 춤 축제

- **6월**  볼레로 데 오로(Boleros de Oro) 페스티벌-아바나, 산티아고 데 쿠
  바, 모론에서 열리는 국제 볼레로 노래 콘서트,

  (격년) 호르나다 쿠칼람베아나(Jornada Cucalambeana), 엔쿠엔트
  로 이베로아메리카노 데 라 데치마(Encuentro Iberoamericano de la
  Décima)-라스투나스에서 열리는 쿠바 컨트리 음악과 시 축제

- **8월**  쿠바단짜(Cubadanza)-아바나에서 열리는 현대무용 축제,

  랩 쿠바 아바나 힙합 페스티벌-알라마르에서 열림,

  (격년) '베니 모레(Benny Moré)' 대중음악 페스티벌-시엔푸에고스,
  라하스, 아바나에서 열리는 유명뮤지션 '베니 모레'를 기리는 국제
  음악제

- **9월**  (격년) 마타모로스 손(Matamoros Son)-손 음악 축제

- **10월** 아바나 국제발레 페스티벌-쿠바 국립발레단이 주최하는 축제로 세계 각국의 유명 발레단이 참여해 수준급 공연을 함

- **11월** 레이시스 아프리카나 웨밀레레(Raíces Africanas Wemilere) 페스티벌 -정부가 후원하는 아프로 쿠바 축제, 과나바코아에서 열림

- **12월** 국제아바나 라틴아메리카영화제-아바나에서 열림,
  아바나 국제 재즈 페스티벌-아바나에서 열림,
  피에스타 아라 관타나메라(Fiesta a la Guantanamera)-관타나모에서 열리는 아프로 쿠바와 프랑스 아이티 음악, 문화, 전통을 즐기는 축제

열리는 격년축제, 국제영화제나 도서전같이 국제적인 축제, 작은 마을 모론에서 열리는 수탉축제나 젊음의 섬에 위치한 누에바 헤로나에서 열리는 포도수확 축제 등 아주 지역적인 축제까지 다양하다. 오래된 사탕수수 압착기와 공장을 사용하는 증기 축제 같이 특별한 축제들도 전 세계의 마니아들을 끌어모으고 있다. 또한 쿠바는 의료와 과학에 대한 국제 컨퍼런스를 연중 내내 개최한다.

# 공휴일

1998년 크리스마스가 국가 공휴일로 재지정되기 전까지, 쿠바는 정치적, 역사적 기념일만을 지켰다. 이런 기념일에는 보통 연설과 집회가 열리고, 사람들은 마을과 도시에 모여 특별한 날을 기념한다. 상점과 일반 회사들이 모두 쉬는 공휴일도 몇몇 있지만, 대부분의 음식점과 관광 이용시설은 평소와 다름없이 운영된다.

1월 1일은 신년인 동시에 바티스타 독재정권을 타도하고 혁명에 성공한 기념으로 전 국민이 이 날을 기념한다. 가장 많은 사람들이 참여하는 날로는 노동절을 들 수 있다. 노동절이면 집회와 가두행진이 전국적으로 펼쳐지고, 아바나에서는 수천 명의 학생들과 대중단체 회원들이 플래카드를 들고 혁명광장에 있는 호세 마르티 동상을 지나 행진한다. 한때 100만 명을 웃돌았던 참여자 수는 최근 줄어들고 있다고 한다. 이보다는 작은 규모이지만, 7월 26일이면 몬카다 병영 습격을 기념하고, 10월 10일에는 쿠바 독립을 위한 최초의 주요 전쟁이었던 10년 전쟁의 시작일을 기념한다.

공휴일이면 대중교통이 평소보다 불규칙하게 운영되지만,

## · 공휴일 ·

- **1월 1일**　혁명 기념일/해방의 날

- **1월 2일**　무장 승리의 날

- **1월 28일**　호세 마르티 생일

- **매년 다른 날짜**　성금요일(Good Friday)

- **5월 1일**　노동절

- **7월 25일**　전국 혁명 페스티벌

- **7월 26일**　전국 혁명 페스티벌

- **7월 27일**　전국 혁명 페스티벌

- **10월 10일**　독립 기념일

- **12월 25일**　크리스마스

- **12월 31일**　송년 기념일

5월 1일에는 거대한 버스행렬이 엄청난 인파를 각 도시와 마을에서 열리는 군중집회로 실어 나른다.

## 카니발

다른 쿠바의 인기문화와 마찬가지로 쿠바의 카니발 역시 노예 시대와 당시 노예들이 참여할 수 있었던 소수의 거리 축제에 그 뿌리를 두고 있다. 19세기 사탕수수 수확이 끝나면 '콤파르 사comparsas'라는 무용단이 춤 대결을 펼치며 행진하면서 한 해 농사의 마감을 기념했다. 이 전통이 20세기에 들어와 현재의 카니발로 발전했는데, 카니발에 참가한 콤파르사는 저마다 화려한 가면을 쓰고 의상을 입고 플래카드와 종이 등을 들고 춤추며 행진한다.

각기 다른 지역에서 온 콤파르사는 1959년 혁명이 일어나기 전에는 민간기업의 후원을 받아 해당 회사의 제품을 광고해주었지만, 혁명 후에는 제품 대신 혁명정책을 선전했다.

특별기간 동안에는 대부분의 축제가 취소되어 즐길 수 없었지만, 이제 쿠바의 카니발은 예전의 영광을 되찾고 있다. 카니발에서 음악을 연주하는 밴드들은 아이티의 프랑스 농장에서 탈출한 노예들이 가져온 툼바tumba와 프란체사francesa라는 타악기, 19세기 말에 쿠바에 들어온 중국식 코넷 또는 트럼펫에

해당하는 코르네타 치나corneta china 등 다양한 악기를 연주한다. 그 음악에 맞추어 춤추며 행진하는 행렬 사이로 종이 반죽으로 만든 동물 모형이나 사람 모형을 실은 커다란 장식 차량이 천천히 지나가 축제 분위기를 더한다.

아바나는 2월에 한

번, 7~8월에 한 번, 이렇게 한 해에 카니발을 두 차례 여는데, 여름 카니발 규모가 더 크고 성대하다. 카니발이 열리면 아바나의 널찍한 해변 산책로, 말레콘과 도시 곳곳에 사람들이 쏟아져 나와 축제를 즐기고, 쿠바 최고의 밴드들이 밤새 음악을 연주한다. 카니발의 하이라이트인 마지막 주말에는 아바나의 구시가지에서 말레콘 방향으로 성대한 퍼레이드가 열린다.

매년 6월이면 쿠바 최고의 카니발이 산티아고 데 쿠바에서

### · 크리스마스 카니발 ·

12월 16일부터 26일까지, 레메디오스와 근교 마을에서는 파란다스 데 레메디오스(Parrandas de Remedios)라는 카니발과 유사한 행사가 열린다. 대림절의 대부분 기간 동안 열리는 이 행사는 인기가 아주 많다. 1829년 레메디오스의 교구 신부가 대림절 미사에서 졸고 있는 성도들을 깨우기 위해 마을 아이들에게 얇은 철판을 시끄럽게 치게 했다는 데서 유래한 이 축제는, 아이들의 퍼레이드로 시작해 산살바도르와 카르멘의 두 편으로 나뉜 마을 팀 중 누가 더 시끄러운 소리를 내는지 시합하는 것으로 막을 내린다. 크리스마스 이브에는 밤늦게까지 대규모 불꽃놀이가 펼쳐져 볼거리를 선사한다.

열린다. 멋진 의상을 차려입은 퍼레이드와 장식차량 행렬이 축제 분위기를 돋우고, 밤새도록 음악이 울리고 파티가 열린다. 이 기간에는 산티아고 데 쿠바 도시 전체가 화려한 조명 장식으로 빛나고, 문이란 문에는 전부 다 장식이 달린다.

이보다 규모는 작지만 마찬가지로 재미있고 화려한 카니발이 매년 6월, 카마구에이에서도 열린다. 이 밖에도 피나르 델 리오(7월), 시에고 데 아빌라(3월, 기타 카니발보다 관광객 대상의 성격이 짙음), 바라데로(1월 말~2월 초, 순전히 관광객을 위한 카니발)에서도 카니발이 열린다.

## 결혼궁전

1990년대 심각한 경제위기 속에서도 쿠바인들의 결혼에 대한 열정은 꺾이지 않았고, 사람들은 아무리 힘들어도 모든 방법을 동원해 결혼식을 치르고 기념했다. 이런 민중의 마음을 알았던 혁명정부는 대중들이 결혼식을 올릴 수 있는 기관인 결혼궁전을 설립했다. 첫 결혼궁전Palacio de los Matrimonios은 1996년, 아바나의 구 도박장에 문을 열었다. 결혼궁전에서 올리는 결

혼식은 단 15분 만에 끝나며, 결혼식을 끝내고 궁전의 넓은 계단을 내려가는 신랑신부 옆으로는 바로 다음 시간대에 결혼식을 올릴 또 다른 신랑신부가 올라가는 진풍경이 연출된다.

가장 간소한 결혼식의 경우 신부는 웨딩드레스를 대여해 입고, 집에서 직접 구운 케이크를 준비하며, 배급 식품 중 미리 신청한 간단한 음식과 맥주, 럼 등을 마련해 나누어먹는다. 하지만 관광업이 발전하고 해외에서 받는 송금액이 늘어나면서 값비싼 웨딩드레스를 입고 수준 높은 출장음식과 웨딩카 등을 준비해 화려하게 결혼식을 치르는 부유층이 늘고 있다.

## 15세 생일파티

라틴아메리카에서는 15세를 소녀가 여자가 되는 나이라고 여겨, 15세를 맞은 소녀의 생일파티를 성대하게 열어준다. 이 파티를 로 퀸체lo quince라고 한다. 쿠바도 예외는 아니라, 소녀들의 15세 생일파티를 성대하게 치른다. 보통 생일파티의 주인공을 위해 커다란 케이크를 준비하고 성대한 연회를 여는데, 소녀는 아버지와 남자 친척들과 먼저 춤을 춘 뒤 남자친구나 이성친구들과 춤을 춘다. 혁명 전 쿠바에서, 특히 부유층 사이에서는 15세 생일파티가 크게 유행하다 혁명 후에는 점차 시들해졌지만, 아직도 가족들은 15세를 맞은 딸아이의 생일파티를 성대하게 열어주기 위해 돈을 아끼지 않는다. 보통 생일을 맞은 소녀는 여러 벌의 의상을 입고 기념사진이나 영상을 찍는다.

최근 몇 년 사이, 많은 돈을 들여 성대한 15세 생일파티를 하는 사람들이 늘고 있다. 그 대부분은 외국에 사는 부유한 가족에게서 재정적 도움을 받기에 이런 파티를 열 수 있다. 또한 사라졌던 생일축하 미사도 다시 부활하고 있다. 1998년 이후로 성당에서 열리는 결혼식, 침례, 장례식도 늘고 있다.

# 04

## 친구 사귀기

사교적이고 말 많고, 추파 던지길 좋아하는 쿠바 사람들과 친구가 되기는 이보다 더 쉬울 수가 없을 정도다. 쿠바 사람들은 아주 사소한 것으로 대화를 시작하고, 입을 벌리는 순간 서로 친밀감을 교환하며, 금세 개인적 공간을 파고들어와 껴안거나 입을 맞추는 것으로 친밀감을 표현한다.

사교적이고 말 많고, 추파 던지길 좋아하는 쿠바 사람들과 친구가 되기는 이보다 더 쉬울 수가 없을 정도다. 쿠바 사람들은 아주 사소한 것으로 대화를 시작하고, 입을 벌리는 순간 서로 친밀감을 교환하며, 금세 개인적 공간을 파고들어와 껴안거나 입을 맞추는 것으로 친밀감을 표현한다. 대화가 막히거나 어색한 침묵이 흐르는 법이 없고, 캐나다나 북유럽에서 흔히 경험할 수 있는 차가운 악수도 없다.

문화가 다른 나라에서 온 이방인들은 쿠바인들의 이런 행동이, 대가족으로 살며 이웃과 소통하는 데 많은 시간을 보내고 방대한 인맥을 쌓는, 호기심 많고 사교적인 사람들이 보이는 자연스러운 행동이라는 것을 이해해야 할 것이다. 이렇게 인맥을 쌓는 이유는 쿠바에서는 인맥을 통해 모든 일이 이루어지기 때문이다.

쿠바 사람들은 최신 설비가 다 갖추어진 집에 홀로 살면서 가까운 가족이나 동료만 상대하는 사치를 누리지 못한다. 그렇게 사는 사람이 있다 해도 아마 지루해 견디지 못할 것이다.

물론 쿠바 사람들이 모두 선의로 접근하는 것은 아니다. 여느 관광지 못지않게 쿠바의 거리에도 마약이나 도난물품을 파는 히네테로jinetero나, 매춘부 히네테라jinetera가 있다. 아바나, 바라데로, 산티아고 데 쿠바, 트리니다드 같은 도시에 가면 '부유한' 외국인에게서 현금을 뜯어낼 작정으로 접근하는 이런 사람들을 어렵지 않게 볼 수 있다. 그러므로 쿠바인을 만나면 처음에는 신중하게 상대를 탐색해야 하겠지만, 친밀한 우정을 제대로 즐길 줄 아는 사람들과 만나는 기쁨도 놓치지 않아야 한다.

## 만남

외국인들도 평범한 쿠바 사람들의 일상을 쉽게 관찰하고 경험할 수 있다. 기본적인 스페인어를 구사할 수 있다면 더욱 그렇다. 사람들은 하루 중 대부분의 시간을 거리에서 보내고 집에

있어도 현관문을 활짝 열고 살며, 서로에게 진심에서 우러나온 관심을 가지고 있다. 아바나의 낯선 도심 한복판에 서 있어도, 지나가는 사람들이 곧 당신과 눈을 마주치고 말을 걸어올 것이므로 서구의 대도시에서 느껴지는 익명성은 전혀 느낄 수 없을 것이다. 누군가에게 길을 물어본다면, 아마 그 사람은 목적지까지 당신을 데려다줄 것이다. 당신이 스페인어를 잘 구사하지 못한다면 더 그럴 확률이 높다. 쿠바에는 '낯선 사람은 위험하다'는 개념 가체가 아예 없는 것 같아 보인다. 외국인에 대한 특별대우로 인해 혁명으로 없어졌던 불평등 중 일부가 되살아났다는 것을 생각하면, 쿠바 사람들이 외국인에게 이렇게 친절한 것이 더욱 놀랍기만 하다.

만약 낯선 사람들에게서 개인적인 질문을 받는 것이 불편하고 싫다면, 쿠바에는 가지 않는 것이 좋다. 쿠바 사람들은 누구나 당신에게 어느 나라에서 왔는지 물어볼 것이고, 당신에 대해 알고 싶어 할 것이다. 관광제한으로 인해 여행을 해본 적이 없는 사람들이라는 것을 고려하면 그 호기심과 궁금증을 어느 정도 이해할 수 있을 것이다. 그리고 보통은 모두 선의에서 물어보는 것임을 기억하자. 강한 공동체정신과 이웃사랑정신 그리고 사생활 침해는 동전의 양면과 같아 늘 공존한다.

## 【 친절함 】

쿠바 사람들의 친절함은 병적인 수준이다. 처음 만난 날, 쿠바 사람은 당신을 집으로 초대하고 식사를 하거나 자고 가라고 계속해서 권유할 것이다. 거절하고 싶어도 상대의 마음을 상하지 않게 정중하게 거절하기란 정말 어려운 일이다! 하지만 이런 초대를 받아들인다면, 무언가 함께 먹을 수 있는 음식을 사가거나, 작은 선물을 준비해 초대에 감사를 표해야 한다. 밖에서 함께 외식을 하는 경우, 당신과 쿠바 친구 사이에는 경제적인 불평등함이 존재한다는 것을 명심하고, 함께 식사한 비용은 당신이 부담하도록 하자.

## 【 시간 약속 지키기 】

쿠바에서 누군가의 집에 초대를 받았다면 약속 시간에 딱 맞추어 도착해야 할까? 사실 쿠바에서는 약속 시간에 조금 늦는 것은 (너무 늦지만 않는다면) 오히려 예의바른 일로 여긴다. 쿠바 사람들은 시간 약속을 잘 지키지 않는 것으로 유명하지만, 사실 제대로 들여다보면 중요한 일에는 시간을 지키려 노력하고, 그다지 중요하지 않은 일에는 시간을 개의치 않는다는 것을 알 수 있다. 직장에서는 그날의 교통상황에 상관없이 10분만 늦어도 처벌을 받을 수 있기 때문에, 사회생활에서 시간을 엄수하는 것은 매우 당연한 일로 여긴다.

쿠바에는 시간을 어느 정도로 엄수해야 하는지 묻는 표현이 하나 있다. '영국 시간'이라는 뜻의 '오라 브리타니코 Hora Britanico?'가 그것이다. 당신이 쿠바 사람에게 '오라 브리타니코?'라고 물으면 상대는 미소 지으며 약속 시간이 영국 시간인지 아닌지 대답해줄 것이다. 만약 영국 시간이라면 약속한 시간에 15~20분 내로 반드시 도착해야 한다. 쿠바 친구와 술 한잔 하러 가기로 했거나 춤추러 가기로 했거나 데이트 약속을 했다면, 적어도 30분에서 1시간까지는 기다려주어야 한다.

## 옷차림

기후도 따뜻하고 의류도 부족하다보니 쿠바 사람들의 옷차림은 유럽이나 북미의 기준으로 봤을 때 지나치게 격식에 얽매이지 않는 것처럼 보이고, 추운 지역에서 온 이방인의 눈에는 너무 짧은 것으로 비쳐지기 쉽다.

쿠바의 여성은 남성보다는 옷을 차려입는 편으로, 직장에서나 저녁 외출할 때 옷차림에 상당히 신경을 많이 쓴다. 여성은 치마와 원피스뿐 아니라 바지도 자유롭게 입는다. 해변이나 격식을 차리지 않아도 되는 곳에서는 배꼽이 보이는 크롭톱이나 짧은 반바지를 흔히 볼 수 있다.

업무상 회의나 공식적인 자리에서 남성들은 열대기후에서도 입을 수 있는 가벼운 재질의 양복이나 재킷을 입는다. 하지만 쿠바에서 할 수 있는 최고의 투자는 단연컨대 클래식 쿠바 셔츠인 구아야베라 셔츠를 하나 장만하는 것이다. 구아야베라는 쿠바 중부에서 구아바를 수확하던 인부들이 구아바를 잠시 넣어둘 수 있도록 주머니를 단 셔츠를 입었던 데서 유래했다고 전해진다. 반팔과 긴팔, 주머니가 두 개 달린 것과 네 개 달린 것, 전면에 수직 밴드 장식이 들어간 것과 그렇지 않은 것, 자개단추를 달고 있는 것과 그렇지 않은 것 등 다양한 옵션 중 원하는 디자인을 고르면 된다. 구아야베라는 헐렁하게 입노록 디자인된 옷으로, 하얀색이나 하늘색 긴팔 셔츠는 아주 공식적인 자리에서도 입을 수 있다.

전반적으로, 쿠바를 방문한 외국인들은 깔끔하되 지나치게 격식을 차리지 않는 옷차림으로 다니는 것이 좋다. 한눈에 보기에도 비싼 옷은 피하도록 하자.

## 좋은 대화 소재와 피해야 할 소재

말하는 것을 좋아하는 쿠바 사람들과 대화를 시작하기란 전혀 어렵지 않다. 쿠바인들은 가볍고 유쾌한 유머, 즉 '쵸테오

choteo'를 통해 대화가 너무 심각한 방향으로 흐르는 것을 막는다. 쿠바인과 대화를 할 때는 대화 내용을 가볍게 유지하고, 중립적인 주제 또는 쿠바인이라면 누구나 자부심을 느끼는 쿠바의 음악이나 영화, 스포츠 성적 그리고 쿠바 섬의 아름다운 자연 등에 대한 이야기를 하는 것이 좋다.

상대가 지나치게 질문을 쏟아내는 것처럼 느껴질 수도 있겠지만 쿠바인은 원래 호기심이 많고 당신이 어느 나라에서 왔는지, 미혼인지 기혼인지, 자녀는 몇 명을 두었는지, 왜 쿠바에 오게 되었는지, 앞으로 어디어디를 방문할 예정인지 등 궁금한 게 있으면 직설적으로 묻는다는 것을 기억하자.

쿠바 사람과 대화를 나누다 보면 십중팔구 쿠바를 좋아하느냐는 질문을 받게 될 것이다. 이런 질문을 하는 취지는 쿠바 정부가 잘못하고 있는 일들을 듣고 싶다는 것이 아니라, 쿠바의 어느 부분이 가장 마음에 드는지가 궁금한 것임을 명심하자. 쿠바 사람들은 나라에 대한 자부심이 강한 것으로 유명하다. 현 경제나 정치적인 상황에 다소 불만이 있을지라도, 외국인이 자기 나라의 병폐에 대해 이래라 저래라 훈계를 늘어놓는 것을 좋게 생각하는 사람은 없다. 상대를 존중하며 답해야 하는 질문이리 는 것을 기억하자.

## • 경솔한 비판은 금물 •

쿠바 영내에서 일어나는 모든 대화를 엿듣기 위해 골목골목에 첩보요원이 잠복하고 있는 것은 아니지만, 국가안전부가 국민의 대화, 그중에서도 반체제 인사들의 대화 내용을 감시하는 것은 사실이다. 쿠바 사람과 대화 도중 체제에 강력하게 반하는 의견을 표출하거나 그런 대화 내용에 상대를 끌어들이면, 상대가 검열의 대상이 될 수 있다. 일반 관광객이 첩보요원의 감시대상이 되는 일은 거의 없지만, 일 때문에 혹은 사업상 이유로 쿠바에 온 사람들이라면 이야기가 다르다. 특히 기자들은 은밀하게 감시를 받고 있을 수 있다. 그러므로 정치적인 이야기를 할 때에는 신중하고 애매모호한 태도를 취하는 것이 가장 좋다.

잘 모르겠다면 말하기보다는 상대의 말에 귀를 기울이자. 당신의 대화 상대가 쿠바의 문제에 대해 이런저런 의견을 나누고 싶어 한다면, 그들에게 대화의 주도권을 넘겨주자. 당신이 생각하는 것보다 쿠바 사람들은 지난 역사와 현 상황에 대해 훨씬 많은 것을 알고 있고 훨씬 열정적이다.

## 【 개방적인 성문화 】

쿠바의 남녀는 상점, 거리, 해변, 클럽 등 장소를 불문하고 이성과 추파를 주고받고, 이는 이들 일상의 일부다. 쿠바의 노래 중 절반은 낭만적인 가사가 담긴 연가, 나머지 절반은 이중적인 의미를 띠는 수수께끼 같은 가사의 레게음악일 정도다. 쿠바 사람들은 대체로 편안하고 유쾌한 태도로 상대를 대하지만 섹스에 대해 이야기할 때는 직설적으로 당신을 어떻게 생각하는지 말해줄 것이다.

주의해야 할 것은 쿠바가 유명 관광지다 보니, 관광객들과의 낭만적 관계로 생계를 해결하는 사람들이 있다는 것이다. 그중 다수는 여성 매춘부인 '히네테라'들이지만, 잘생긴 외모로 외국 여성들을 유혹하고 경제적인 대가를 바라는 바람둥이인 '히네테로'들도 있다. 한 순간의 감정에 휩싸이기 쉽겠지만, 일부 쿠바인들에게 섹스는 그저 비즈니스이고, 결혼은 외국에서 새로운 인생을 시작하는 방법일 뿐이라는 것을 명심하자.


## 【 쿠바식 작업 멘트, 피로포스 】

쿠바의 공기에는 사랑이 가득하다. 남녀를 불문하고, 사람들은 거리에서 그리고 상점에서 '안녕'이라는 평범한 인사 대신 서로를 미 아모르mi amor(내 사랑), 미 코라존mi corazon(내 심장), 미 치엘로mi cielo(내 천국) 또는 미 레이나mi reina/레이rey(나의 왕비/왕)라고 부르며 추파를 던진다. 물론 관광객이라고 예외는 아니다.

여전히 옛날 라틴식 구애법을 고수하는 쿠바 사람들은 거리에서 상대에게 '피로포스piropos'라고 부르는 작업 멘트로 추파를 던진다. 사람들은 피로포스를 재미있게 전달해 상대의 미소를 유발하고, 거기에서 더 대화를 이어나가 관계를 발전시키려 한다. 그 내용은 정치적으로 옳지 않은 것이 대부분이고 외국인의 귀에는 느끼하게만 들리지만, 이는 쿠바 사람들이 남녀를 불문하고 실생활에서 즐기는 게임이다. 그렇지 않다면 '당신이 걷는 것만큼 요리를 매력적으로 한다면, 나는 냄비 밑바닥까지 싹싹 긁어먹을 거예요' 같은 멘트로 성공을 기대할 수는 없을 것이다. 남자들이 여자를 마미mami(엄마) 또는 만구이따manguita(작은 망고)라고 부르며 추파를 던지면, 여자도 남자를 파피papi(아빠) 혹은 트레멘도 만곤tremendo mangon(말 그대로 엄청나게 큰 망고, 매력적인 남자라는 뜻)이라 부르며 화답한다. 관건은 이 게임을 어떻게 이해하느냐에 달려 있다. 쿠바 남자가 미사여구가 가득한 작업 멘트를 던진다고 해서 황홀해할 필요도,

기분 나쁠 필요도 없다. 아마도 그는 그가 만나는 모든 사람에게 그럴 것이니 말이다.

최고의 전략은 쿠바의 현지인들처럼 관심이 없다면 피로포스를 들어도 무시하고 가던 길을 계속 가는 것이다.


## 관광객의 틀을 벗고

대부분의 관광객은 바라데로나 카요 코코 섬과 같은 아름다운 해변의 리조트에 머무는 단체관광 상품이나 아바나, 산티아고 데 쿠바 등 도시의 박물관과 다양한 문화를 탐험하는 상품이나, 이 둘을 함께하는 상품을 통해 쿠바를 찾는다. 하지만 진짜 쿠바를 체험하고 그 모습을 가까이서 볼 수 있는 방법에는 여러 가지가 있다.

미국의 쿠바 관광제한에 따라 과거 미국 관광객들의 일반 관광과 해변 관광은 금지되어 있었지만, 2015년 오마바 정부 때 규제가 완화되면서 단체관광, 자원봉사, 학술연구 등을 통한 쿠바 방문이 새롭게 허용되었다. 모두 쿠바 사람들을 만나고 쿠바의 진면목을 알 수 있는 아주 좋은 방법이다.

만약 쿠바를 개별여행으로 방문하고자 한다면, 댄스 강좌를 듣거나 악기를 배워보자. 기본적인 스페인어를 구사할 수 있다면 도움이 될 것이다.

## 【 미국 관광객 】

미국 관광객에게 단체관광은 특별히 중요한데, 이는 개정된 법에 따라 쿠바 방문은 열두 가지 목적으로 제한되며, 여행 내내 방문 목적에 관련된 일정을 지켜야 하기 때문이다. 여행의 열두 가지 목적에는 가족방문, 전문연구, 교육활동(학점 교환 프로그램 포함), 공연과 체육대회 참여, 언론 취재, 인도주의 프로젝트, 종교 활동이 포함된다.

## 【 외국인 단체 】

쿠바에서 활동하는 외국인과 외국 사업가들을 대상으로 한 네트워킹 그룹으로 인터네이션스Internations를 들 수 있다. 전 세계에 지부를 두고 홈페이지도 운영 중인 인터네이션스 회원들은 서로 연락하고 정보를 교환한다. 아바나 지부가 주관하는 비공식 모임에 참여하면 쿠바 생활에 대한 정보를 얻고 베테랑들과 함께 도시를 탐험할 수 있다.

## 【 새로운 여행 방법 】

단체관광보다는 힘들지만, 개별 자유여행도 불가능한 것은 아니며 혼자 여행할 때 더 보람차게 여행할 수 있다.

외국인은 대부분 여권과 왕복 항공권, 30일짜리 여행자카드만 있으면 쿠바에 입국할 수 있다. 여행자카드는 엄밀히 말해 비자는 아니지만, 쿠바에서 입국심사시 여권 대신 이 카드에 도장을 받으며, 출국심사시 다시 제출한다.

쿠바에 입국하기 위해서는 호텔에 묵는다는 증빙을 제시해야 한다. 하지만 많은 사람들이 호텔을 예약하고 여행자카드에 호텔 정보를 기재한 뒤, 실제로는 친구 집이나 민박집에 묵는다.

스페인어를 어느 정도 구사할 수 있고, 혼자 일정을 짜볼 의지가 있다면 아바나나 바라코아 같은 곳에서 쿠바 현지인들과 함께 묵는 숙소를 선택해보자. 그곳에서 친구들을 사귀고, 시장에서 장도 보고, 가족들이 운영하는 작은 식당 팔라다르에서 밥도 먹어보고, 택시가 아니라 현지 버스를 이용해 여행해보자. 리조트에서는 절대 경험할 수 없는 쿠바의 모습을 가까운 곳에서 볼 수 있을 것이다.

【 자원봉사 】

쿠바에 머무는 동안 무언가 가치 있는 일을 하고 싶다면, 쿠바의 연대단체들이 조직한 수많은 파견단이나 체험학습 투어에 참여하거나, 해외에 지부를 두고 있는 친선협회에 가입해보자. 100여 개에 달하는 이런 단체들은 쿠바와 갈등 관계에 놓여 있는 미국에도 있을 정도니, 당신의 주위에도 하나쯤은 반드시 있을 것이다. 파견단은 농업, 건설, 영어 교육 등 다양한 분야에 주나 달 단위로 인력을 파견한다. 대부분의 프로그램에 교육상 방문과 음악, 춤이 포함되어 있다. 성당 단체들도 자원봉사 관광 모임을 조직하고 있으니 알아보자.


## 장기 체류

한 나라와 그 나라 사람들에 대해 배우는 가장 좋은 방법은 그곳에서 살며 일하거나 공부하는 것이다. 사실 쿠바에서 거주하며 일하거나 공부하는 것은 쉬운 일이 아니다. 방문 목적에 맞는 비자를 받아야 하고, 기관의 초대장도 있어야 하는 등 거쳐야 할 번잡한 절차가 한두 가지가 아니기 때문이다. 하지만 그렇다고 불가능한 일도 아니다.

쿠바에는 공부할 것들이 많다. 다양한 기관들이 영화와 TV, 음악, 춤, 기타 공연 예술, 아프로 쿠바 연구, 의학 코스 등 교육 과정을 제공하고 있다. 아바나대학도 여러 전공 과정을 운영 중이다. 과정 시작 전에 먼저 스페인어부터 배워야 한다면 그 것도 가능하다. 아바나대학과 산티아고대학 등이 스페인어 단 기 과정을 운영하고 있으며, 사설 어학원도 있다. 쿠바 관련 연 구를 진행 중이라면 그 목적으로도 쿠바를 방문할 수 있다.

# 05

## 쿠바인의 일상

혁명은 도시보다 시골에 훨씬 더 많은 변화를 가져왔다. 피델 카스트로는 가난했던 시에라 마에스트라 산맥 시골 마을에서 보낸 시간을 잊지 않고, 국가의 부를 대부분 창출하면서도 어려운 삶을 살고 있었던 소작농들의 삶을 개선하기 위해 최선을 다했다.

# 삶의 질

느리게 변화가 생기고 있는 것은 사실이지만, 여전히 쿠바는 타임머신을 타고 과거에 온 것 같은 느낌을 준다. 아주 오래된 스타일의 중국 자전거, 허름하지만 낭만적인 건축물, 공들여 수리한 1950년대 자동차, 그리고 무엇이든 다 잘 될 것이라 믿는 '마냐나<sup>mañana</sup>' 가치관까지(기업가적 에너지가 밀려오고 있긴 하지만), 쿠바는 아직도 과거에 속한 땅인 듯하다. 하지만 쿠바를 경험한 사람들의 머릿속에 가장 강렬하게 남아 있는 것은 독창성과 공동체정신으로 무장하고 순간순간을 즐기며 하루하루 살아가는 쿠바 사람들이다.

이제껏 쿠바는 부유했던 적이 없다. 현재는 물질적으로 자원이 턱없이 부족해 경제적 어려움을 겪고 있다. 그럼에도 불구하고 쿠바는 지난 2014년, 평균 수명과 진학률, 문맹률, 수입 등을 총체적으로 고려해 한 나라의 개발 정도를 평가하는 UN 인간개발지수에서 44위를 해, 라틴아메리카와 카리브해 지역에서 칠레에 이어 2위를 차지했다.

대부분의 쿠바 사람들은 여전히 하루하루를 빠듯하게 살아간다. 쿠바에서는 먹고사는 문제를 이야기할 때 해결한다는 뜻의 '리솔베르resolver'라는 단어를 사용하는데, 여기에서 사람들이 하루하루 먹고사는 일을 극복할 수 없는 위기가 아니라 해결해야 할 문제로 인식하고 있음을 알 수 있다.

개인 재산은 가지고 있는 통화의 종류에 따라 확연히 차이가 난다. 미국 달러로 환전할 수 있는 쿠바의 CUC이나 외국 통화에 접근할 수 있는 관광업에 종사하는 사람들은, 이 점에서 자신들이 운이 좋은 편이라고 생각한다. 달러와 환전할 수 없는 쿠바 페소로 제공되는 국가 임금은 정말 낮은 수준이다. 때문에 전문직에 종사하는 사람들도 부수입을 얻기 위해 합법 또는 불법으로 부업을 겸하는 경우가 많다.

2014년 중순에 조사한 결과 국가가 고용한 노동력 중 단순직 노동자들은 미국 달러로 환산했을 때 20달러에 해당하는 월급을, 전문직은 30달러에 해당하는 월급을 받았다. 관광객들은 쿠바의 의사와 대학교수가 받는 적은 연봉을 듣고 놀라움을 감추지 못한다. 응급실의 외과의사로 일하며 버는 월급보다, 택시를 운전하거나 이웃의 배관시설을 고쳐주는 일로 더 많은 돈을 번다는 사실을 알았을 때도 마찬가지다

외국에 있는 친척에게 선물 받는 경우를 제외하고는 최첨단 스마트폰이나 비디오 게임 콘솔, 신형 자동차, 평면 TV 등

다양한 소비재를 가진 사람들은 거의 없다. 하지만 쿠바인들의 전반적인 건강과 영양 상태, 수명은 카리브해의 이웃 나라를 훨씬 앞지른 세계 최고 수준이며 문맹률은 세계 최저를 자랑한다.

【 리브레타 】

배급제는 1962년 도입되어 오늘날까지 시행 중이다. 그동안 리브레타libreta라고 하는 배급카드의 품목과 구입할 수 있는 품목 수량에 변화는 있었지만, 한 번도 배급제 자체가 중단된 적은 없었다. 배급카드로는 주식으로 먹는 식품과 일부 신발, 의류, 특히 아동복을 살 수 있다. 신혼부부에게는 케이크 하나와 맥주 세 상자, 특별 의류가 제공된다. 이런 배급품은 '보데가스bodegas'라는 일반 상점에서 구입할 수 있는데, 상점 밖으로 항상 긴 줄이 나 있어 한눈에 알아볼 수 있다. 맞벌이 부부들은 집안의 어르신에게 대신 줄을 서 달라고 부탁하는 경우가 많다.

## 도시와 시골

혁명은 도시보다 시골에 훨씬 더 많은 변화를 가져왔다. 피델 카스트로는 가난했던 시에라 마에스트라 산맥 시골 마을에

서 보낸 시간을 잊지 않고, 국가의 부를 대부분 창출하면서도 어려운 삶을 살고 있었던 소작농들의 삶을 개선하기 위해 최선을 다했다. 카스트로는 1960년대 농지개혁을 통해, 처음에는 농업협동조합에 그다음에는 국영농장에 토지를 귀속시키고 빈곤한 시골 지역 주민들과 소작인 그리고 토지를 소유하고 있지 않던 소작농들에게 토지를 분양하는 한편, 영세농들로 전국소농협회ANAP를 조직했다. 1993년 이후에는 거의 모든 국가 소유의 농지가 농업조합으로 편입되었으며, 생산량에 따라 수입을 거두고 있다.

쿠바 정부의 농지 국유화가 가져온 부작용을 논하기 전에, 그 정책으로 소작농들의 삶의 질이 대폭 개선되었음을 짚고

넘어갈 필요가 있다. 또한 '시골의 도시화' 정책에 따라 시골에도 전기와 수돗물, 교육, 의료시설을 공급함으로써 도시와 시골 사이에 생활수준의 격차를 줄혔다. 또한 농촌 마을이 수백 군데에 세워져 오늘날에도 담배 밭이나 사탕수수 밭이 펼쳐진 시골 한 가운데 우뚝 솟은 아파트 단지들을 볼 수 있다. 이와는 반대로 특별기간 동안에는 '도시의 전원화'를 추진하기도 했다. 정부는 도시 내 텅 빈 공간과 공원들을 유기 원예의 장소로 활용했고, 도시 주민들에게는 마당에 식량에 될 만한 것들을 재배하라고 권장했다.

## 주택

1960년대 쿠바 정부는 토지개혁과 함께 도시개혁을 실시해, 주택 임대료를 대폭 삭감하고 임대 수익을 집주인이 아닌 국가가 가지도록 했다. 많은 부유층이 살던 집을 버리고 쿠바를 떠나자, 함께 살던 하인들에게 집이 넘어갔고, 이런 집들 중 대부분은 그 안에 실제로 거주하는 이들의 재산이 되었다. 현재 새 집을 사고 싶은 사람들은 저금리로 대출을 받아 국가가 파는

주택을 살 수 있다. 1960년대와 1970년대에는 자원 노동력을 동원해 아파트 단지들을 건설했는데, 아파트 준공 뒤 건설에 참여한 노동자들이 아파트 소유권을 얻기도 했다.

하지만 가족이 늘어나도 주거 공간을 늘리지 못하고 계속해서 비좁게 사는 사람들도 많다. 아바나의 구시가지와 같은 구역은 특히 그렇다. 오늘날 쿠바에서도 민간주택 매매가 이루어지고 있지만 주택시장이 아직 형성 초기단계라 실질적인 부동산 시장은 없다고 봐야 한다. 비공식적인 부동산 중개인들이 구매자와 판매자를 연결해주고 수수료를 받는 것이 전부다. 쿠바의 현행법상 쿠바 국적인 쿠바인만 거주용 부동산과 휴가용 부동산을 소유할 수 있지만, 엄청난 잠재적 가치를 지닌 부동산에 쿠바 망명자들과 외국인 투자자들의 시선이 집중되고 있다.

쿠바 대부분 지역에는 전기가 공급되고 있지만 서비스는 예측할 수 없고 정전이 잦다. 물과 전기가 공급되는 시간을 정리한 시간표도 믿을 수 없는 경우가 많다. 이에 최근 정부는 외딴 지역에 태양광 패널을 설치해 서비스를 안정시키려 하고 있다. 정전은 사회 풍자의 단골 소재다. 하지만 정전으로 온 나라가 깜깜한 어둠 속에 갇힐 때에도, 국가의 주 수입원인 관광 리조트와 호텔에서는 환한 전등불이 눈부시게 빛나고 있어 씁쓸함을 더하고 있다.


## 의료체계

의료체계는 누구나 인정하는 쿠바 혁명의 최대 성과다. 쿠바인들의 건강 지표를 선진국 수준으로 올려놓았다고 평가받고 있다. 쿠바인이라면 누구나 무료 의료서비스를 누린다.

혁명의 최우선 과제는 누구나 의료서비스를 받을 수 있게 하고, 예방접종 캠페인을 활발히 펼쳐 주요 전염병의 원인을 근절하는 것이었다. 1980년대에는 가정주치의 서비스를 도입해 병원의 부담을 줄이고 외딴 시골에 사는 사람들까지 의료 서비스를 누릴 수 있게 했다. 가정주치의 한 명은 120여 가족의 건강을 책임지고 돌봤다. 산골마을에서는 젊은 의사들이 말을 타고 순찰을 도는 광경을 흔히 볼 수 있었다.

하지만 미국이 쿠바를 대상으로 금수조치를 발동하고 동유럽의 지원이 끊기면서 쿠바의 의료체계는 심각할 정도로 자원이 부족해졌다. 이는 지금도 현재진행형이다. 부족하지 않은 것이 있다면 바로 의료 전문 인력과 의료 인프라다. 실제 쿠바는 연대의 표시로 의사들을 타국에 보낼 정도로 충분한 의료진을 확보하고 있다. 하지만 약품은 실로 심각하게 부족한 상황이다. 이에 따라 쿠바 정부는 치료보다는 예방에 주안점을 두고 있으며, 유기농업과 약초 재배를 결합한 프로그램을 통해 천연의약품에 점차 눈길을 돌리고 있다. 한편 산테리아 신자들처럼 민간요법에 의지하는 이들도 많다.

1990년대 식량이 심각하게 부족해지면서 국제보건기구는 쿠바에 영양이 부족하면 발생하는 질병이 다시 생길 것으로 예측했다. 쿠바 정부는 5세 이하 유아, 신생아와 산모 등 약자를 최우선으로 챙기며 최악의 결과를 피하는 데 성공했다. 하지만 일부 지역에서는 물을 제대로 정화할 수 없어 장티푸스와 폐결핵이 유행하기도 했다. 한편 식량이 부족했던 특별기간 동안, 사람들이 채소와 과일을 더 섭취하고 매일 걷고 자전거를 타며 운동해서 더 건강해지는, 의도치 않은 긍정적 결과도 있었다. 화학용품의 사용과 자동차 매연이 줄어들면서 식품, 토지, 공기의 질도 좋아졌다.

특별기간 동안에는 병원도 장비 부족과 노후된 장비로 어려움을 겪었다. 현재는 국영 병원의 재정을 보조하기 위해 외국에서 환자들을 받기 시작하면서 문제를 해결하려 하고 있다. 하지만 이런 의료관광으로 부유한 사람들과 그렇지 못한 사람들 간의 간극이 다시 생겨나고 있다는 우려의 시각도 있다.

## HIV와 에이즈

유엔에이즈프로그램UNAIDS에 따르면 쿠바는 세계에서 가장 일찍 에이즈를 심각하게 인식하고 예방과 치료를 시행한 나라 중 하나다. 하지만 영내 에이즈 환자를 모두 특별 요양소에 분리해 관리하고 있어 그 대처방법을 두고는 의견이 분분하다. 한편 쿠바는 국가 건강검진 프로그램을 통해 HIV 검사를 하고 있다.

가혹한 정책처럼 보일지 몰라도 이 정책이 가져온 효과에는 의문의 여지가 없다. 2003년 쿠바의 HIV 감염률은 0.05%로 세계 최저 수준이다. 2002년 HIV/에이즈 환자 요양소에 방문했던 외국 기자에 따르면, 요양소는 환자들이 주중에는 치료를 받다가 주말에는 외출해 가족을 만날 수도 있는, 쾌적하고 편안한 공간이라고 한다. 에이즈 환자들의 경우, 요양소에 들어간 뒤에도 평소 받던 임금을 계속 받는 것도 주목할 만하다.

2001년까지 쿠바는 미국의 금수조치 때문에 항레트로바이러스 약품이 심각하게 부족했고, 이에 자체적으로 약품을 만들기 시작했다. 현재 쿠바는 자국민들에게 HIV/에이즈 관련 약품을 자체적으로 제공할 수 있는 몇 안 되는 개발도상국 중 하나다.


【 장애인 】

쿠바의 장애인에 대한 처우는 다른 일반적인 의료 수준에 비해 떨어지는 편이다. 물론 장애인들도 그들에게 필요한 의료와 재활 서비스를 누리고 고용도 보장받고 있다. 하지만 문제는 이들이 일반 공동체에 편입되기보다는 특별 기관에 분리되어 있고, 특수공장에만 고용되고 있다는 사실이다. 이런 가족주의적인 접근법은 감당할 수 있는 비용 안에서 나라 전체를 장애 친화적으로 만드는 유일한 방법이었을 것이다. 불편한 몸으로 쿠바를 찾는 외국 관광객들은 이 나라에 휠체어 전용 시설 등 장애인 시설을 구비한 곳이 거의 없다는 점을 염두에 두어야 한다.

정신건강에 문제가 생겼을 때에도 치료를 받을 수 있다. 1959년 이전에는 쿠바 전국에 딱 한 곳밖에 없었던 정신병원이 현재는 아바나, 카마구에이, 산티아고 데 쿠바에 각 하나씩 총 세 곳으로 늘어났으며, 정신과를 운영하는 일반 병원도 다수 있다.


## 교육


쿠바의 교육 혁명은 전 세계에서 인정을 받을 정도로 큰 성공을 기두었다. 유치원부터 대학까지의 교육과정은 물론, 평생학

습까지도 전 국민에게 모두 무료로 제공하며, 이 덕분에 고등 교육을 받은 박식한 인력들이 배출되고 있다.

마르크스와 마르티의 사상을 따라, 쿠바의 교육체계는 학교 교육과 다양한 실습으로 이루어져 있다. 도시에 사는 아이들 이 1년에 6주 동안 시골로 실습을 가는 것이 좋은 예다.

교외에는 주중에 학생들이 수업과 농사일을 병행하다, 주말 이면 집으로 돌아가는 기숙학교가 있다. 혁명에 불만이 많은 사람들은 이를 젊은 층의 노동력을 값싸게 이용하기 위한 전 략이라고 단순하게 비난한다. 하지만 사실 이는 어릴 때부터 공동체정신과 상대를 배려하는 마음, 경제가 어떻게 돌아가는 지를 이해할 수 있는 좋은 기회기도 하다.

## **변하는** 가족 구성

혁명으로 쿠바 가족에는 많은 변화가 생겼다. 과거에는 3대가 한 지붕 아래 함께 사는 게 보통이었지만, 이제 이런 대가족은 찾아보기가 힘들다. 주택난과 높은 이혼율 때문인데, 아바나 같은 대도시의 상황은 더욱 심각하다. 40대에 이미 결혼을 세 번 한 사람들도 꽤 많다. 자식도 적게 낳는 추세에, 여성이 가장인 가구 수도 늘고 있다. 1980년대 이후 많은 남성이 쿠바를 떠나 다른 나라로 이주한 것도 부분적인 원인이다.

인구노화도 빠르게 진행되고 있다. 쿠바는 라틴아메리카에서 노년층 인구 비중이 가장 높은 국가 중 하나다. 선진적인 의료체계 때문에 노인 수명이 늘어난 것도 이에 일조했다.

쿠바 땅을 떠나 다른 나라로 이주한 가족을 둔 사람들은 큰 고통을 겪었다. 나라를 떠난 이유가 무엇이든 가족이 떨어져 산다는 것은 고통스러운 일이다. 이민을 간 가족과 정치적으로 대립하는 경우도 있지만, 보통은 플로리다 해협을 사이에 두고 떨어져 있어도 한 가족으로 살아가기 위해 최선을 다한다. 특히 경제적 이유로 쿠바를 떠난 경우는 더욱 그렇다. 2003년 미국 부시 전 대통령이 쿠바에 있는 가족을 만나러

가는 횟수를 3년에 한 번으로 줄이자, 미국으로 이주한 많은 쿠바인들이 분노했다.


## 일상

느긋하게 사는 것처럼 보이지만 쿠바인들은 사실 아주 바쁘게 살아간다. 도시에서 사는 사람들은 보통 월요일부터 금요일까지, 아침 8시 30분부터 오후 5시 30분까지 일하는데, 점심시간은 대부분 한 시간이다. 토요일 아침에 근무하는 곳도 있다. 많은 사람들의 출퇴근 시간은 지루하고 길다. 시골에서 하루는 동이 트기 전에 시작해 해가 진 후에야 끝이 난다.

집안일은 대부분 여성이 맡아 한다. 1975년 가사일 분담을 규정한 '가족 규칙'을 도입했지만, 여성이 도맡아 집안일을 하는 전통에는 별다른 변화가 생기지 않았다. 아이들을 학교에 데려다주고 데려오거나, 장을 보는 등의 일은 보통 가장이 관여하지 않는다. 특별기간 동안 긴축 정책 때문에 여성들의 가사일은 더 늘었다. 외식보다는 집에서 요리를 해 먹어야 했고, 집과 일터를 오가는 통근시간도 늘었으며, 세탁과 청소를 다

른 이에게 맡길 경제적 여유도 없었기 때문이다.

저녁에는 각종 수업과 문화 활동을 즐기고, 사람들과 함께 어울려 즐거운 시간을 보내기도 한다. 쿠바 사람들은 지인과 친구, 가족의 집을 방문하길 좋아한다. 선약 없이 불쑥불쑥 들리는 일도 많고 아주 사소한 일로도 파티를 열고 주변 사람들을 초대한다. 무더운 여름 주말이면 버스를 타고 아바나 교외에 있는 해변으로 가는데, 사람들을 가득 실은 긴 버스 행렬이 진풍경을 연출한다. 최근에는 일요일에 교회나 성당에 가는 사람들도 늘고 있는데, 신도들 대부분은 젊은 층이다.

# 공동체

쿠바의 저녁 수업은 농사와 집안일을 끝내고 저녁이면 방풍 랜턴을 켜고 글을 배웠던 1961년 문맹퇴치캠페인에서 그 유래를 찾을 수 있다. 오늘날 쿠바의 전 연령층은 저녁이면 음악, 춤, 연극, 스포츠, 대회 등 다양한 공동체 기반 활동에 참여하고 있다.

## 【 자원노동 】

자원노동은 1962년, 그해 사탕수수 수확을 돕기 위해 임시조치로 도입되었다가 이후 건설 등 다른 경제활동에도 확대되었다. 쿠바 정부는 1976년, 헌법에 자원노동을 '국민의 공산주의적 양심을 단련하는 수단'으로 규정했다. 자원노동은 '새로운 사회의 주요원칙은 물질적 보상보다 도덕적 가치'라는 체 게바라의 신념을 가장 확실하게 보여준다. 2004년, 혁명 45주년 기념주간에도 많은 사람들이 자원노동을 신청했다.

이런 자원노동이 얼마나 자발적인 것인지에 대해서는 여러 의견이 있다. 사회에 대한 헌신으로 자원노동에 참여하는 사람들도 많지만, 정부와 정당, 직장, 노동조합이 주는 사회적 압력 때문에 혹은 구하기 힘든 소비재를 구하기 위해 무급노동에 자원하는 사람도 많기 때문이다. 자원노동을 하는 동안에도 평소 받던 임금은 지급되기 때문에 경제적으로 손해를 보지는 않는다. 실질적 문제는 숙련된 인력이 아닌, 전문 자격이 없는 사람들에게 건설 등 전문 분야의 일을 맡기기 때문에 다양한 위험이 생길 수 있다는 것이다.


## 혁명수호위원회

쿠바의 전 정부 관계자에 따르면 혁명수호위원회CDR에 참여하고 있는 사람은 수백만에 이를 정도로 많다고 한다. 엄밀히 말해 의무는 아니지만, 공동체나 정당 안에서 출세하려면 필수적으로 가입해야 한다고 생각하기 때문이다. 원래 감시하기 위해 창설되었지만, 1980년대 말 특별기간 동안 구조조정되었다. 2005년, 위원회의 창설 45주년 기념을 맞아 '전국 감시 운동'을 펼치는 등 혁명수호위원회는 여전히 범죄 감시 기능을 담당하고 있다. 하지만 정치적 간첩행위에 얼마나 관여하고 있는지는 확실히 알 수 없다.

혁명수호위원회는 자연재해 대처와 헌혈, 예방접종 등 공중보건 캠페인과 재활용 등 다른 분야에서도 중요한 역할을 담당하고 있다. 동시에 반체제 인사의 집 앞에 모여 협박하는 것 또한 혁명수호위원회가 하는 역할이다.

# 06

## 여가생활

쿠바 사람들은 열심히 일하는 것만큼이나 여가도 열심히 즐긴다. 전 국민이 음악을 만들고
듣고, 음악에 맞추어 춤을 춘다고 해도 과언이 아니고, 영화와 연극 등도 저렴해 부담 없이
즐길 수 있다. 야구, 복싱 등 스포츠도 전국적인 인기를 끌고 있어, 올림픽이나 팬 아메리칸
게임 등 국제대회에서 좋은 성적을 거두면 국민석인 자부심이 치솟는다

쿠바 사람들은 열심히 일하는 것만큼이나 여가도 열심히 즐긴다. 전 국민이 음악을 만들고 듣고, 음악에 맞추어 춤을 춘다고 해도 과언이 아니고, 영화와 연극 등도 저렴해 부담 없이 즐길 수 있다. 야구, 복싱 등 스포츠도 전국적으로 인기를 끌고 있어, 올림픽이나 팬 아메리칸 게임 등 국제대회에서 좋은 성적을 거두면 국민적인 자부심이 치솟는다.

　쿠바 사람들은 여가시간의 대부분을 집 밖의 길목에서, 공원에서, 해변에서 가족이나 친구들과 삼삼오오 모여 보낸다. 집 밖에서 보내는 시간이 긴 데는 열대기후라는 요인도 있지만, 좁은 집안이 사람들로 북적이고 날씨가 덥지만 에어컨이 비싸 설치할 여유가 없는 것도 부분적인 이유다. 그래서 쿠바 사람

들은 집 밖으로 나와 아이스크림과 길거리 음식을 먹고, 체스나 도미노 게임을 하며, 그들이 가장 좋아하는 수다를 즐긴다.

## 음식

음식 때문에 쿠바를 찾는 사람은 거의 없을 것이다. 마이애미로 이주한 쿠바 망명자 사이에는 쿠바혁명으로 희생된 세

가지는 바로 아침식사, 점심식사, 저녁식사라는 농담이 유행할 정도다. 쿠바 사람들이 여전히 배급식품에 의존해 한 달 한 달을 사는 것은 사실이지만, 경제가 민간기업에 개방되고, 농산물 직판장에서 고품질의 유기농 식품을 살 수 있게 되면서 점차 더 많은 쿠바 현지인과 관광객들에게 미식의 문이 열리고 있다.

보통 쿠바 사람들에게 외식이란 코코넛으로 만든 달콤한 과자인 코뀌토coquito, 피자, 그릴드 샌드위치 등 간단하고 저렴

한 길거리 음식을 말한다. 예외가 있다면 그 이름도 유명한 코펠리아Coppelia 아이스크림이다. 코펠리아 아이스크림은 1966년 아바나 최신 유행을 선도하는 베다도 구역에 첫 문을 열었다. 26가지 맛의 배급 아이스크림을 판매하고 있는 이 아이스크림 가게는 그때부터 지금까지 식지 않는 인기를 누리고 있다. 이제 아바나뿐 아니라 쿠바의 다른 도시에서도 코펠리아 아이스크림을 만나볼 수 있는데, 한번 방문해 먹어볼 만하다. 쿠바 각계각층의 사람들이 전부 모여들기 때문에 긴 줄을 서야 한다는 것을 명심하자.

국가에서 운영하는 레스토랑은 멋진 식민지 시대 건물에 위치해 분위기가 좋은 곳도 일부 있지만, 대개는 음식에 특색이 없고 서비스도 무심한 편이다. 하지만 쿠바에 관광 붐이 일면

서 이런 국영 레스토랑도 많이 개선된 만큼, 트립어드바이저 앱으로 주변의 괜찮은 국영 레스토랑을 확인해보는 것도 좋다.

국영 레스토랑보다 가격도 저렴하고 여러 모로 흥미로운 곳이 쿠바의 개인 주택이나 아파트에서 영업 중인 가정 식당, '팔라다르'다. 팔라다르는 가정에서 요리한 쿠바 음식부터 수준 높은 음식까지 넉넉한 양으로 판매하는, 분위기가 편안한 식당이다. 과거에는 하루 저녁에 손님 열두 명만 받도록 하는 제한규정이 있었지만, 이제 이런 제한규정은 철폐되고 정상 영업을 할 수 있도록 규정이 바뀌고 있다. 팔라다르에서는 항상 주

## · 팁 문화 ·

팁에 대해 정해진 규칙은 없지만 보통 레스토랑에서는 결제 금액의 10%를 팁으로 지불한다. 팔라다르에서는 영수증에 이미 팁이 포함된 경우가 있으니 주의 깊게 확인하고, 만족스러운 서비스를 받은 경우에만 내도록 하자.

쿠바에는 팁으로 생계를 꾸리는 사람이 많아, 호텔의 문지기부터 주차장 요원, 거리의 음악가들까지 모두가 팁을 바란다. 레스토랑에서는 주고 싶은 만큼 팁을 주면 된다. 관광 가이드는 인당 2CUC의 팁을, 택시 기사는 미터요금의 10%를 원한다. 하지만 목적지까지 이미 가격을 협상해서 미터기를 켜지 않고 갔거나, 서비스에 만족하지 않았을 때는 팁을 주지 마라.

문 전에 메뉴판을 달라고 해서 가격을 확인하자. 누군가 당신에게 특정 팔라다르를 소개했다면, 식사 후 받는 청구서에 식당 소개 수수료가 포함될 수 있으니 주의하는 것이 좋다.

레스토랑과 팔라다르에서는 모두 외국인용 화폐인 CUC로 결제해야 하지만, 길거리 음식은 페소로 살 수 있다. 신용카드는 고급 레스토랑이나 호텔에서만 사용할 수 있으니 현금을 지참하는 것이 좋다. 에어컨을 켜놓는 격식 있는 호텔 레스토랑은 추울 수 있으니 얇은 겉옷을 챙기면 도움이 될 것이다. 쿠바에서는 밤 10시가 넘어가면 음식을 판매하는 레스토랑을 찾기 어렵다.

## 전통 쿠바식 음식

기본적으로 볶은 돼지고기, 쌀, 콩, 이 세 가지 재료로 만드는 쿠바음식은 맛도 있고 배도 부르지만, 자칫 단조롭게 느껴질 수 있다. 팔라다르에서 어떤 음식을 맛볼 수 있는지 잘 알고 있다면, 맛있는 쿠바의 가정식을 합리적인 가격에 먹을 수 있다.

콩그리Congrí 쌀과 콩을 함
께 요리한 전통 쿠바음식이
다. 일부는 강낭콩으로 만
든 콩그리와 검은 콩과 쌀
로 만든 모로스 이 크리스

티아노스moros y cristianos를 구분하기도 한다.

아히아코Ajiaco 소고기와 옥수수, 호박이나 단호박, 플랜테인,
감자나 유카 같은 뿌리채소, 보니아토(고구마)를 넣고 끓인 스튜
다. 소고기와 돼지고기, 닭고기에 콩까지 더한 디럭스 버전의
아히아코도 있다. 아히아코는 냉장고에 가지고 있는 재료를 탈
탈 털어 만드는 스튜이므로, 주인에게 어떤 재료가 들어갔는
지 물어보거나 그릇을 유심히 살펴 어떤 재료를 썼는지 확인
하도록 하자.

레촌 Lechón 새끼 돼지에 특유의 소스를 발라 천천히 굽는 통돼
지구이로, 돼지 입에 사과를 꽂아 장식한다. 다 구운 돼지고기
를 바싹하게 익힌 돼지껍질과 콩그리, 유카, 볶은 플랜테인과
함께 먹는다.

토스토네스Tostones 차티노chatino라는 이름으로도 알려진 이 요

리는 녹색 플랜테인을 얇게 썰어 맛있는 황금빛을 띨 때까지 두 번 튀겨 상에 올린다.

**로파 비에하**Ropa Vieja 간 소고기나 양고기에 양파, 마늘, 청고추, 고수, 토마토를 볶아 만든 기본 소스인 소프리토sofrito를 넣고 졸여낸 전통 요리로, 밥이나 콩을 곁들여 먹는다.

**타말레스**Tamales 옥수수 잎 안에 볶은 돼지고기인 치차론chicharrón과 섞은 옥수수 반죽을 넣고 삶거나 불에 구워 먹는 전통음식으로, 향신료 비홀bijol(또는 아나토anatto라고도

함)을 넣어 오렌지색을 띤다. 바라코아에서는 으깬 플랜테인 반죽을 넣고 매콤하게 즐기기도 한다.

**유카 콘 모호**Yuca con Mojo 카사바cassava라고도 알려진 유카를 튀긴 뒤 오일과 마늘소스를 곁들여 먹는다.

## 【 디저트 】

트레스 레체스Tres Leches 세
가지 우유라는 뜻의 이 케
이크는 스폰지 케이크에
우유와 연유, 크림을 부어
먹는다. 돼지고기와 콩이
들어간 짠 음식을 먹은 뒤에 먹기 좋은 달콤한 디저트다.

플란Flan 달걀로 만든 커스터드에 캐러멜소스를 올린 것으로,
기본적으로 크렘 캐러멜과 비슷하다.


## 【 채식주의자를 위한 음식 】

기본적으로 쿠바 요리에는 돼지고기와 쌀, 콩이 들어가 있기
때문에, 곁들여 먹는 채소요리 이상을 원하는 채식주의자들
은 맛있게 식사하기가 힘들 수 있다. 하지만 최근 메뉴에 없는
오믈렛이나 아보카도 샐러드를 즉석에서 만들어주거나, 돼지
고기 없이 쌀과 콩으로만 만든 요리를 만들어주는 팔라다르
가 생겨나면서 변화의 물결이 일어나고 있다.

오늘날에는 유기농 채소 직판장에서 이전보다 다양한 종
류의 신선한 열대과일과 채소를 구할 수 있고, 관광객들의 수

요가 다양해지면서 팔라다르에서도 채식 메뉴를 점차 선보이는 추세다.


## 음료

쿠바의 과일주스는 다른 카리브해 국가보다 제한적이지만, 대형 리조트나 시골에 가면 오렌지, 구아바, 사워숍, 파인애플, 마메이, 망고, 수박 등으로 만든 과일주스를 맛볼 수 있다. 파파야 주스도 있지만 쿠바 사람들은 파파야라는 과일 이름 대신 이를 '프루타 봄바fruta bomba'라고 부른다는 것을 유의하자. (쿠바에서 '파파야'는 여성 생식기를 뜻하는 은어다) 시골에서는 사탕수수를 즉석에서 짜서 만든 구아라포guarapo도 맛볼 수 있다.

이 밖에도 다양한 청량음료수가 있는데, 칵테일 '쿠바 리브레'에 들어가는 트로피콜라TropiCola, 쿠바식 오렌지에이드인 나히타Najita, 탄산을 넣은 파인애플 음료인 후피냐Jupiña, 맥아음료가 대표적이다.

커피는 진하게 마시며, 설탕을 넣어주는 경우가 대부분이다. 설탕을 넣지 않고 싶다면 '카페 신 아주카르cafe sin azúcar'라고 말하고, 우유를 조금 넣어 마시고 싶다면 '코르타도cortado', 라떼를 마시고 싶다면 '카페 콘 레체cafe con leche'라고 말해보자. 쿠바에서는 카모마일을 뜻하는 만자닐라manzanilla 이외의 차는 거의 마시지 않는다.

'세르베자cerveza'라고 부르는 맥주는 하루 아무 때나 아주 차갑게 해서 마신다. 대중적인 필스너 스타일 맥주로는 크리스탈Cristal과 부카네로Bucanero를 들 수 있다. 리조트나 아바나의 클럽 같은 곳에서는 하이네켄이나 코로나 같은 수입 맥주도 마실 수 있다. 쿠바는 소로아soroa라는 자체 와인을 생산하지만 수입 와인의 맛이 더 낫다.

## 유서 깊은 칵테일의 역사

쿠바는 모히토mojito(화이트 럼, 라임 주스, 설탕, 민트 잎을 넣어 만드는 칵테일), 다이키리 daiquiri(얼음 없이 화이트 럼, 라임 주스, 설탕을 섞어 만드는 칵

테일), **쿠바 리브레**Cuba libre(얼음에 화이트 럼을 부은 뒤, 코카콜라를 넣고 라임을 짜서 만드는 칵테일) 등 럼과 럼을 기본으로 한 칵테일로 유명하다.

아바나에서 모히토로 가장 유명한 곳은 아마도 미국 소설가 어니스트 '파파' 헤밍웨이가 다른 유명 인사들과 함께 어울렸던 아바나의 술집, 라 보데기타 델 메디오La Bodeguita del Medio일 것이다.

아바나에서 헤밍웨이가 가장 즐겨 찾았다는 술집은 이제는 아바나 최고의 바가 된 플로리디타Floridita다. 이곳에서 헤밍웨이는 화이트 럼 더블 샷에 라임과 자몽 주스, 간 얼음을 넣어 오늘날의 슬러시처럼 차갑게 즐기는 자신만의 '다이키리' 칵테일을 만들어 마셨는데, 이것을 엘 파파 도블레El Papa Doble라 한다. 헤밍웨이는 터프가이 이미지에 맞게 설탕 없이 다이키리를 마셨다. 칵테일 '쿠바 리브레(쿠바의 자유)'는 1900년대 초반, 쿠바에 코카콜라를 들여온 미 해군이 '쿠바의 자유를 위해'라는 독립 구호를 축배로 사용했던 것에서 유래한다.

아바나 클럽Havana Club 같은 쿠바의 럼은 저렴하면서도 뛰어난 품질을 자랑한다. 실버 드라이 화이트 럼의 경우 3~5CUC이면 살 수 있고, 7년 산 아네호Anejo도 12CUC이면 살 수 있다.

산테로Santero, 물라타Mulata, 산티아고Santiago, 카네이Caney, 바라데로Varadero 같은 브랜드는 더 저렴하다. 바에서 쿠바 최고의 모히토 럼을 찾아보자. 충분히 그럴 만한 가치가 있는 일이다.


## 문화와 예술

쿠바의 혁명정부는 교육과 의료체계뿐 아니라 민속문화, 음악, 발레와 클래식 음악 같은 고급문화, 순수미술 등 문화에도 투자를 아끼지 않았다. 박물관과 미술관을 개관했고, 오케스트라와 댄스 아카데미, 연극단, 예술학교를 창설했다. 쿠바의 영화산업도 탄생해 전 쿠바 인구가 문화를 즐길 수 있게 되었다.

각 마을과 도시에 설치된 문화센터인 카사 데 라 쿨투라Casas de la Cultura에서는 저녁 강의를 들을 수 있고, 합창단이나 시립 밴드에도 가입할 수 있으며, 콘서트나 영화도 볼 수 있다. 1960년대 창립된 카사 데 라 아메리카스Casa de las Américas는 매년 문학상, 음악상, 미술상을 수여하고, 컨퍼런스와 전시회, 콘서트를 개최하는 남미 최고의 권위를 지닌 문화기관으로 발전했다. 작가와 화가, 영화인을 지원하는 국가기관도 다수 있다.

쿠바 정부는 창의적인 예술가들을 직접 고용하고 있다. 국가에 고용된 예술가들은 '결정적인 기회'를 기다리면서 예술 활동에 필요한 재원을 마련하기 위해 누군가의 시중을 들며 일하지 않아도 된다. 하지만 교육 활동은 아주 중요한 일로 여긴다.

【 음악 】

1996년 미국의 기타리스트 라이 쿠더는 쿠바의 밴드 리더였던 후안 드 마르코스 곤잘레스와 손잡고, 아바나에서 베테랑 쿠바 뮤지션들과 함께 앨범을 녹음해 발표했다. 이렇게 결성된 아프로 쿠반 재즈 그룹, 부에나 비스타 소셜 클럽은 손, 룸바, 맘보, 단손 같은 아프로 쿠반 스타일의 음악을 전 세계에 알렸다. 이 앨범은 전 세계에서 1,250만 장의 판매고를 올릴 정도로 폭발적 인기를 끌었고 그래미상까지 수상하는 쾌거를 거두었다.

이후 빔 벤더스가 찍은 후속 다큐멘터리 영화도 쿠바 음악에 대한 세계의 궁금증을 촉발시켜, 쿠바 관광 붐을 가져왔다.

산테리아 의식에 사용하는 드럼부터, 카니발의 콩가 그룹,

낭만적인 볼레로, 1940년대와 1950년대 전성기를 누렸던 맘보까지 쿠바에는 음악이 가득하다. 라틴 재즈와 누에바 트로바라는 어쿠스틱 송, 드럼이 강렬한 룸바, 팀바와 같은 퓨전 음악, 컨트리 기타로 연주하는 과히라guajira 음악, 랩과 레게 같은 현대 음악 등 다양한 스타일의 음악이 공존한다.

1940년대 맘보 붐을 베니 모레, 다마소 페레스 프라도, 아르세니오 로드리게스 등의 뮤지션이 이끌었다면, 1990년대에는 부에나 비스타가 쿠바 음악의 전성기를 다시 가져왔고, 최근 미국 차트에서는 헨테 데 조나Gente de Zona와 같은 그룹이 인기를 끌고 있다.

혁명 전, 아바나의 매력을 느끼고 싶다면 아바나의 유명 나이트클럽 '트로피카나'에 가보자. 좀 더 편안한 분위기를 찾고 있다면 거리에서 열리는 파티, 쿰반차cumbancha와 카페나 바에서 열리는 라이브 뮤직 쇼도 좋다. 하지만 진짜 쿠바 음악을 경험하고 싶다면, 쿠바 이곳저곳에서 주로 전통음악을 연주하고 춤을 출 수 있는 카사 데 라 트로바Casa de la Trova만 한 곳이 없다. 거리 전체에서 음악이 울려 퍼지는 산티아고의 칼레 헤레디아Calle Heredia에 가면 진짜 쿠바 음악을 체험할 수 있을 것이다.

클래식 음악 활동도 활
발해 쿠바 전역에서 오케스
트라와 실내악단의 연주를
감상할 수 있다. 최고의 클
래식 공연장으로는 아바나
의 테아트로 아마데오 롤단
Teatro Amadeo Roldan 과 바실리카
데 산 프란시스코 데 아시스
Basilica de San Francisco de Asis 가 있다.

쿠바에서는 연중 내내 다양한 국제 음악 축제가 열린다.


## 【춤】

쿠바인의 DNA에는 춤이 새겨져 있는 듯하다. 유명 무용단으
로는 1962년 쿠바의 전통춤과 아프로 쿠바 춤을 기념하기 위
해 창립된 콘훈토 포크로리코 나시오날 데 쿠바Conjunto Folklórico
Nacional de Cuba와 1948년에 프리마 발레리나 알리시아 알론소가
창설한 쿠바 국립발레단Ballet Nacional de Cuba을 들 수 있다. 또한 카
마구에이 발레단과 다수의 현대무용단도 있다.

다양한 춤 공연이 전국 각지에서 열리는 가운데, 아바나에

서는 매주 토요일마다 콘훈토 포크로리코 나시오날 데 쿠바의 룸바 공연을 즐길 수 있고, 그란 테아트로 데 라 아바나Gran Teatro de La Habana에서는 연중 내내 쿠바 국립발레단의 발레 공연을 즐길 수 있다. 쿠바 국립발레단은 연례 발레 페스티발을 주최하기도 한다.

오늘날 세계에서 가장 유명한 발레리노는 쿠바 출신으로 미국 휴스턴 발레단, 러시아의 볼쇼이 발레단을 거쳐 현재는 런던의 로열 발레단의 수석 무용수로 활동하고 있는 카를로스 아코스타다. 11남매 중 막내로 태어나 아바나의 가난한 뒷골목에서 살았던 아코스타는 알리시아 알론소가 이끄는 쿠바 국립발레학교에 입단해 최고의 발레리나 알론소에게 훈련을 받으며 성장했다. 카를로스 아코스타의 자서전 『노 웨이 홈No Way Home』은 출간 즉시 베스트셀러 반열에 올랐으며, 그가 쓴 소설 『돼지 발Pig's Foot』에서는 생생하게 그려진 쿠바와 그 격동의 역사를 확인할 수 있다.

【 영화 】

혁명이 남긴 위대한 성과 중 하나로 쿠바 영화를 들 수 있다. 쿠바 영화는 1959년 설립된 쿠바영화산업위원회ICAIC를 토대로 발전해 1960년대 황금기를 누렸고, 1968년 쿠바의 영화감독 토마스 구티에레즈 알레아가 만든 〈저개발의 기억Memorias del Subdesarrollo〉과 1969년 옴베르토 솔라스의 〈루시아Lucia〉로 전성기의 정점을 찍었다. 이후 경제적 위기로 어려운 가운데서도 쿠바는 계속해서 세계 정상급 영화를 발표했다.

최근 가장 많은 사랑을 받았던 영화로는 쿠바 사람들의 고된 일상을 풍자해 웃음을 자아내게 만드는 알레한드로 브뤼게 감독의 좀비 코미디 〈후안 오브 더 데드Juan of the Dead〉가 있다. 민간 자금으로 만들었고 300만 달러를 들여 디지털 효과를 쓴 이 영화는 해외에서도 상당한 성공을 거두었다.

영화광을 위한 축제로는 매년 12월 아바나에서 열리는 쿠바 라틴아메리카 영화제를 들 수 있다. 쿠바 여행의 훌륭한 기념품인 쿠바 영화 포스터는 베다도에 위치한 쿠바영화산업위원회 앞의 상점에서 구입할 수 있다.

## 【연극】

혁명 전, 전국에 약 15개에 불과했던 극장은 오늘날 60개 이상으로 늘어났고, 아바나에서는 2년에 한 번씩 국제 연극제가 열릴 만큼 연극도 괄목할 만한 성장을 이루었다. 주요 도시에서는 주류 연극은 물론 실험 연극까지 관람할 수 있다. 산티아고의 극단 테아트로 카빌도Teatro Cabildo와 아바나의 엘 푸블리코El Publico는 모두 전용 극장을 가지고 있다. 1968년 에스캄

브라이 산의 외진 곳에 공동체 기반 극단으로 설립된 테아트로 에스캄브라이Teatro Escambray도 여전히 활발한 공연과 교육 활동을 펴고 있다.

【 시각 미술 】

쿠바의 미술을 정의한 위프레도 람(1902~1982), 레네 포르토카 레로(1912~1985) 등 화가들은 혁명을 앞서 나간 천재들이지만 혁명에 반하는 대신 포용하는 길을 택했다. 1959년에는 미술 교육 프로그램이 마련되었고, 국립 미술학교, 고등 미술교육기 관이 설립되었다. 카스트로는 미술을 중요하게 생각하지 않았 지만 그렇다고 미술을 통제하지도 않았기 때문에 미술은 정치 선전 수단으로 전락하는 상황을 피할 수 있었다. 하지만 그래 픽아트는 혁명의 메시지를 전하는 주요 수단으로 선정되어, 포 스터와 벽화 제작에 수많은 뛰어난 화가들이 동원되었다.

오늘날 쿠바 정부는 기존의 노선을 바꾸어 쿠바 미술을 적 극적으로 홍보하고 있다. 국가가 직접 갤러리를 운영하며, 작품 도 국영 갤러리에서 구입할 수 있다. 요루바 부족의 신화와 전 통을 소재로 작품 활동을 펴고 있는 마누엘 멘디베와 플로라 퐁 등 쿠바의 신예 작가들도 전 세계적으로 인정받고 있다. 홀 수년도 11월에 아바나에서 열리는 아바나 비엔날레와 같은 전 시회들은 신예 화가들을 홍보하는 역할을 톡톡히 하고 있다.

갤러리 이벤트가 궁금하다면 무가지 〈아르테 엔 라 아바나 Arte en La Habana〉를 살펴보자. 아바나의 국립미술관Museo Nacional de

Bellas Artes에서는 쿠바의 현대미술과 그 이전 시대를 대표하는 최고의 미술 작품을 감상할 수 있다.

【 문학과 서적 】

쿠바의 국가 정체성과 사회문제는 쿠바 문학의 단골 소재다. 쿠바의 독립영웅으로 추앙받는 호세 마르티의 작품이 대표적이다. 19세기 소설 중에는 노예제도를 주제로 한 것들이 많았고, 혁명 후 알레호 카르펜티에르 같은 소설가들은 '마술적 사실주의'를 통해 과거를 조명하고 남미의 현실을 다루었다. 오늘날에는 범죄 추리소설 등 현대적 장르가 대중적인 인기를 끌고 있다. 현대 작가 중에서는 레오나르도 파두라가 쿠바와 해외에서 인기를 끌고 있다. 베테랑 형사 마리오 콘데의 활약을 그린 그의 추리소설 '사계4부작'은 12개국어로 번역될 만큼 좋은 반응을 얻었다.

쿠바 사람들은 여전히 책을 즐겨 읽어, 매년 1월 또는 2월에 아바나에서 열리는 국제도서전은 책을 즐겨 읽는 많은 사람들로 인산인해를 이룬다.

## · 검열 ·

혁명 초반 쿠바 정부는 지적 자유와 창의적 예술을 독려했지만 피그스 만 침공이 일어나고, 항상 적들에게 둘러싸여 있다는 심리가 생겨난 뒤 표현의 자유를 엄격하게 제한하기 시작했다. 1961년 피델 카스트로는 지식인을 대상으로 한 연설에서 이렇게 말했다. "혁명 안에서 혁명에 반하는 모든 것은 아무것도 아니다. 구체적으로 무슨 내용을 쓰라고 작가들에게 지시하지는 않겠지만, 늘 혁명의 시각으로 그들의 문학작품을 판단할 것이다." 지적 자유의 침해는 소련의 영향을 많이 받았던 1970년대에 가장 극심했고, 1990년대 후에는 편견과 검열이 많이 느슨해졌다. 레오나르도 파두라 같은 작가들의 성공이 현실의 변화를 말해준다.

【 스포츠와 야외활동 】

혁명 후 정부는 프로 스포츠를 전면 폐지했지만 국가적 자긍심을 심어주고 혁명을 홍보할 수 있는 아마추어 스포츠에는 많은 투자를 아끼지 않았다.

　　스포츠 중에서도 야구와 복싱의 인기가 특히 높다. 야구는 1860년대에 미국에서 유입되었는데, 오랜 세월 미국과의 관계

가 얼어붙었던 것과는 별개로 야구는 현재 쿠바의 국민적 스포츠다. 야구가 올림픽 정식 종목으로 처음 채택된 1992년 바르셀로나 올림픽에서는 금메달을 목에 걸었다. 쿠바 사람들이 야구를 즐기는 뜨거운 분위기를 느껴보는 것만으로도 경기는 관람할 가치가 있다. 규모가 큰 경기장에는 외국인을 위한 좌석이 별도로 마련되어 있지만, 쿠바 관중들과 섞여 경기를 보는 편이 훨씬 재미있다.

쿠바는 올림픽 복싱 종목에서도 수차례 메달을 획득했는데, 특히 테오필로 스테벤손이 복싱 영웅으로 추앙받고 있다. 1970년대 전성기를 보낸 육상 선수 알베르토 후안토레나와 투창 선수 마리아 콜론도 올림픽에서 금메달을 목에 걸었다.

배구, 농구를 즐기는 인구도 많으며, 최근 들어 축구의 인기도 점차 높아지고 있다. 시골에 가면 투계를 쉽게 볼 수 있지만 불법이다. 사람들은 집 앞 현관이나 공원에 앉아 체스를 즐기고, 후텁지근한 저녁이면 도미노 게임을 즐기는 소리와 럼을 가득채운 유리잔을 부딪치는 소리가 온 동네에 울려 퍼진다.

쿠바 관광 붐이 일고 관광객들이 몰리면서 야외활동도 다양해졌다. 그중에서도 다이빙, 서핑, 낚시의 인기가 높다. 후벤투드 섬의 앞 바다는 다이빙을 즐기기에 최적의 장소다. 대부분의 휴양지에는 테니스 코트가 갖추어져 있고, 자체 골프 코스를 갖춘 곳도 있다. 자전거를 타거나 걷거나, 말을 타고 트레킹하는 액티비티의 인기도 높아지는 추세다. 시에라 마에스트라 산맥과 트리니다드 부근의 자연공원, '토페스 데 콜란테스'에서는 아름다운 경치를 보며 트레킹을 즐길 수 있다. 산 정상까지 오르려면 가이드가 필요하지만, 가이드 없이 오를 수 있는 고도가 낮은 코스들을 개발 중이다. 조류 관찰자와 식물학자, 동굴 탐험가들을 위한 전문 생태관광 프로그램도 있다.

## 쇼핑

쿠바는 소비의 나라가 아니다. 정부가 경제를 강력하게 통제하는 만큼 상점에서 판매하는 물건들도 매우 제한적이다. 쿠바 사람들은 여전히 배급카드를 이용해 식재료와 생활에 필요한 물품들을 구입하지만, 최근 외국인들과 외화를 가진 쿠바인들을 상대로 물건을 판매하는 백화점, 슈퍼마켓, 작은 쇼핑몰들이 늘고 있다.

갤러리에서 미술 작품을 살 수는 있지만, 이 작품을 쿠바 밖으로 가지고 나가기 위해서는 특별 허가증과 진품 증명서가 있어야 한다. 아바나 아르마스 광장에서 열리는 중고 책 장터에서는 절판된 쿠바의 고전도서를 살 수 있다.

## 쿠바 시가

쿠바는 세계 최고의 시가를 생산하는 국가로 다양한 종류와 크기, 브랜드의 시가를 만나볼 수 있다. 그중 몬테 크리스토 Monte Cristo, 파르타가스 Partagas, 오요 데 몬테레이 Hoyo De Monterrey, 코이바 Cohiba, 윈스턴 처치 수상이 즐겨 피웠다는 로메오 이 훌리

에타 Romeo y Julieta가 비교적 유명하다. 담배는 많은 노동력이 투입되는 작물로, 쿠바

에서는 보통 피나르 델 리오 지방의 브엘라 아바호와 세미브엘라, 비날레스 등 쿠바 중부의 소규모 농장들이 담배를 재배한다. 가짜 시가를 파는 거리의 행상꾼들은 지나치고, 나라에서 운영하는 '카사 델 아바노Casa del Habano'로 가자. 시가를 구입할 때는 상자에 '쿠바 수제작'임을 뜻하는 문구 'hecho in Cuba totalmente a mano', 정부 관인, '아바노' 브랜드가 찍혀 있는지 꼭 확인하자. 이 세 가지가 없다면 진품이 아니다. '바우자Bauza'라는 글귀가 찍혀 있는 시가는 최저 품질기준에 못 미치는 제품이지만, 여전히 품질은 좋은 편이다.

## 유명 관광지

### 【 역사의 도시 아바나 】

카리브해에서도 가장 활기 넘치고 흥미로운 도시, 아바나는 기대를 저버리지 않는 것은 물론 기대를 능가하는 여행지로 잊지 못할 추억을 남긴다. 낡은 대저택이 줄지어 서 있고, 움푹 파인 도로 위로 녹슨 구형 쉐보레 자동차가 굴러다니며, 혁명 구호가 적힌 벽화가 세월의 흔적을 이기지 못하고 색이 벗

겨지기 시작한 도시에 서 있노라면, 과거로 시간 여행을 온 것 같은 기분이 든다. 아바나에는 최고의 보존 상태를 자랑하는 식민지 시대 건축물들이 여럿 있다. 아바나의 구시가지가 1982년 유네스코 세계유산으로 지정된 뒤에는 대대적인 복구 공사가 진행되고 있는데, 그중에는 박물관으로 사용 중인 건물들도 있다. 제대로 둘러보려면 일주일도 빠듯할 만큼 볼거리가 많은 아바나지만, 그 가장 큰 매력은 누가 뭐라고 해도 거리에 있다. 현지인들과 섞여 말레콘을 거닐고, 코펠리아에서 아이스크림을 먹고, 술집을 전전하며 온 도시에 울려 퍼지는 쿠바의 '손' 음악에 귀를 기울여보자.

## 【 산티아고 데 쿠바 】

쿠바의 동쪽 끝에 위치한 쿠바 제2의 도시, 산티아고 데 쿠바는 1515년 디에고 벨라스케스 데 쿠에야르가 건립했으며, 44만 3,000명이 거주 중이다. 다양한 문화와 건축 스타일이 혼재해 활기가 넘치는 도시지만, 무엇보다 이 도시를 세계적으로 유명하게 만든 것은 밤낮 없이 집집에서 흘러나오는 음악이다. 이곳은 독특한 아프로 쿠바 음악 장르인 '손'의 고향으로, '카사 데 라 트로바'에서 도시 여행을 시작하는 것도 좋다.

## 【 식민지 시대의 흔적이 남아 있는 트리니다드 】

에스캄브라이 산맥 아래에 자리한 트리니다드는 쿠바에서도 옛 모습을 가장 잘 간직하고 있는 도시다. 과거 노예선과 설탕

운반선 선체의 중심을 잡기 위해 배 바닥에 놓았던 돌로 만든 좁은 자갈길, 아름다운 파스텔 톤의 주택을 보고 있노라면 이 도시가 왜 1988년 유네스코 세계유산으로 등재되었는지를 바로 이해할 수 있다.

【 혁명의 쿠바 】

쿠바 여행의 테마를 혁명으로 잡은 사람들은 보통 아바나의 혁명 박물관 투어로 여행을 시작해, 산티아고의 몬카다 병영, 산타 클라라의 체 게바라 기념관, 피그스 만을 방문하는 루트를 선택한다. 시에라 마에스트라 산에 올라, 수염을 수북하게 기른 혁명가들이 바티스타 정권에 맞서 이 깊은 산속에서 어떤 생활을 했는지 체험해볼 수도 있을 것이다.

## 【 낚시인들의 천국 】

카리브해 최대의 섬, 쿠바는 산호와 맹그로브 습지, 해수 저지대로 둘러싸여 낚시와 다이빙을 즐기기에 최적의 해양 환경을 갖추고 있다. 바다 위로 펄떡이는 날치와 다른 곳에서는 찾기 힘든 여울멸 떼, 풀잉어나 청새치 등 덩치 큰 생선들의 몸싸움을 볼 수 있어 많은 낚시인들이 쿠바를 찾고 있다. 해안 부근에서는 노랑꼬리물퉁돔과 빨간퉁돔(적도미)을 잡을 수 있고, 현지인들처럼 고무 튜브를 타고 가다랑어 낚시를 할 수도 있다. 카요 산타 마리아에서 배를 타고 북쪽 바다로 나가 2.5m가 넘는 크기의 대형 풀잉어 낚시에 도전하는 것도 좋은 경험이다. 연중 낚시의 하이라이트는 1950년부터 마리나 헤밍웨이에서 매년 5월이나 6월에 열리는 헤밍웨이 낚시 토너먼트 대회다. 이 대회에는 미국을 포함해 약 30여 개국의 낚시인들이 참여한다. 매년 10월, 카요 궐레르모에서 열리는 하르디네스 델 레이Jardines del Rey 낚시 대회도 있다.

## 【 자전거 여행 】

거리에 자동차가 별로 없기 때문에 자전거는 도시를 여행하는 데 인기 있는 교통수단이다. 아바나의 단거리 코스부터, 그림

같은 풍경의 담배 밭 옆을 달리는 비날레스와 피나르 델 리오의 자전거 투어, 일주일 동안 자전거를 타고 산티아고 데 쿠바까지 가는 장거리 투어 등 다양한 상품이 있다. 자전거를 제공하는 가이드 동반 투어에 참여할 수도 있고, 개인 자전거를 가져와 혼자 여행할 수도 있다.

쿠바에서 좋은 자전거는 큰돈이 되기 때문에 도난당하기 쉽다는 것을 기억하고, 개인 자전거로 여행하는 경우에는 개인 헬멧과 튼튼한 자전거 자물쇠를 가져오자. 일부 리조트에서는 쿠바인들이 타는 철제 프레임으로 된 중국식 자전거를 대여해주기도 하는데, 이런 자전거는 마을이나 리조트 안을 돌아다니는 당일 여행에만 적합하다.

### 【 야생동물 관찰여행 】

쿠바는 카리브해에서 가장 큰 섬이지만, 이 섬에서 인기 있는 토착종들은 대체로 그 크기가 아주 작다. 일례로 헬레나 벌새Mellisuga helenae라는 앙증맞은 벌새는 세계에서 가장

작은 새다. 이 새는 비날레스의 석회석 암석 사이, 시에라 데 아나페, 과나아카비베스 반도, 자파타 습지, 후벤투드 섬에서 볼 수 있다.

홈볼트 국립공원에서는 한 동안 기네스북에 세상에서 가장 작은 개구리로 등재되었다가 지금은 세계에서 세 번째로 작은 개구리가 된, 몬테 이베리아 개구리Eleutherodactylus iberia를 볼 수 있다. 이 귀여운 개구리는 그 길이가 10mm에 불과해, 사람 손톱 위에 올려놓아도 될 만큼 작다.

쿠바에는 카리브해에서도 가장 많은 27종의 박쥐가 서식하고 있어, 박쥐를 좋아하는 사람들이 끊임없이 찾고 있다. 그중 나비박쥐는 세계에서 가장 작은 박쥐 중 하나로, 그 무게가 28g도 나가지 않는다. 이 밖에 토착 야생동물로 쿠바 후티아Capromys pilorides라는 대형 설치류와 쿠바 악어Crocodylus rhombifer가 있다. 쿠바 악어는 그 길이가 3.5m, 무게가 215kg에 달하는 거대한 몸집을 자랑한다.

# 07

## 여행, 건강과 안전

쿠바는 사람들이 생각하는 것보다 훨씬 더 큰 섬이기 때문에 교통체증 하나 없이 도로상황이 좋다고 해도 도시 사이를 이동하는 데 많은 시간이 걸린다. 도시 간을 이동하는 가장 빠른 수단은 항공편으로 쿠바의 수도 아바나와 제2의 도시 산티아고 데 쿠바를 연결하는 항공편이 정기 운항중이다.

## **쿠바 내** 여행

쿠바는 사람들이 생각하는 것보다 훨씬 더 큰 섬이기 때문에 교통체증 하나 없이 도로상황이 좋다고 해도 도시 사이를 이동하는 데 많은 시간이 걸린다. 도시 간을 이동하는 가장 빠른 수단은 항공편으로 쿠바의 수도 아바나와 제2의 도시 산티아고 데 쿠바를 연결하는 항공편이 정기 운항중이다. 카리브 해의 다른 나라와는 달리, 쿠바에는 철도망이 깔려 있어 느려도 괜찮다면 기차도 재미있는 여행 교통수단이다.

많은 사람들이 쿠바에 와서 제일 처음 하는 일이, 이제는 쿠바의 상징적인 이미지가 된 1950년대 뷰익이나 쉐보레 택시를 타는 것이다. 하지만 사실 쿠바 사람들이 이런 빈티지 자동차를 타는 것은 멋을 위한 선택이 아니라 그럴 수밖에 없는 상황이기 때문이다. 2011년에 자동차를 사고팔 수 있도록 법이 개정되었지만, 쿠바의 전체 인구 중 자가용을 소유한 인구는 단 5%에 불과하다. 최근 미국과 쿠바의 관계가 개선되면서 사람들에게 절실히 필요한 자동차가 수입될 가능성이 생기긴 했지만, 사람들의 임금 수준을 현격히 개선하지 않는 한 현 상황은 계속될 것으로 보인다.

【항공편】

전 세계의 항공기들이 쿠바를 운항하고 있고, 아바나, 산티아
고, 올긴, 산타 클라라, 카마구에이, 만자닐로, 시엔푸에고스
등 도시는 물론 바라데로, 카요 코코, 카요 라르고 델 수르 섬
등 휴양지도 국제공항을 갖추고 있다. 쿠바에서 가장 분주한
공항은 수도 아바나의 호세 마르티 국제공항이다. 연간 400만
명이 방문하는 이 공항은 국제 항공편이 가장 많이 드나드는
최고의 교통허브다. 호세 마르티 국제공항에 이어 쿠바에서 두
번째로 국제 항공편이 많은 공항은 휴양지로 연결되는 바라데
로 공항으로, 전체 국제 항공 교통량의 25%를 차지하고 있다.

쿠바 국내항공을 이용하면 버스나 기차에 비해 소중한 휴

가 시간을 낭비하지 않아도 되지만, 러시아의 노후한 안토노프 항공기를 사용하고 있기 때문에 안전에 문제가 있다. 하지만 최근 쿠바 항공사들이 기존의 노후 항공기를 프랑스-이탈리아의 ATR 등 현대적인 항공기로 교체하면서 상황은 나아지고 있다. 항공편 티켓은 항상 사람들로 붐비는 항공사 사무실 대신 호텔 투어 데스크나 여행사에서 구입하는 것이 좋다.

## 【기차】

'쿠바 철도공사Ferrocarriles de Cuba'라는 국영 철도회사가 아바나와 각 주의 주도를 연결하는 기차를 운행하고 있다. 여행 시간이 넉넉하다면 안전하고 편안하며 표도 사기 쉬운 기차가 좋은 선택일 수 있다. 기차를 타기 전 여권을 검사하거나 기차표에 도장을 찍어야 할 수 있으므로, 기차역에는 항상 여유 시간을 두고 도착하자.

외국인들은 규모가 있는 호텔이나 철도여행Ferrotur 사무실, LADIS 에이전시에서 사전에 기차표를 예매할 수 있으며 지불은 반드시 CUC로 해야 한다.

작은 마을에서 완행열차를 타는 경우에는 기차가 출발하기 2시간 전에 매표소에 가서, 현지인들과 함께 줄을 서서 표를 구입해야 한다. 기차표 없이 기차를 탈 경우 추가요금으로 표 가격의 100%가 부과된다.

주 사이를 잇는 기차는 보통 아바나의 중앙역Estacion Central에서 출발하지만, 개보수 공사가 진행 중인 동안에는 근처의 라 쿠브르La Coubre역에서 출발한다.

아바나와 산티아고 데 쿠바를 잇는 '고속' 열차도 있다. 프랑스 기차라는 뜻의 '트렌 프란체스Tren Francés'라 불리는 이 고속열차는 2001년 프랑스에서 구입한 TEETrans-Europe Express 객차를 사용하는데 금연칸, 뷔페식당을 운영하며 시원한 에어컨도 설치되어 있다. 아바나와 산티아고 데 쿠바까지 860km를 이동하는 데는 12~15시간이 걸리며, 중간에 산타 클라라, 카마구에이에서 정차한다. 쿠바에서 장거리 여행을 할 때와 마찬가지로 개인용 휴지를 잊지 말고 챙기도록 하자.

이 밖의 대부분 기차는 '보통regular'열차로 고속열차보다 속도가 느리고 금연칸도 없다. 에어컨도 설치되어 있지 않지만 창문은 열 수 있고, 뷔페 서비스는 일부에서만 제공된다. 우유라는 뜻의 '레체로lecheros'열차는 기본적인 시설만 갖춘 기차로, 아주 작은 역에도 정차한다.

미국의 초콜릿 회사가 공사한 상상 이상으로 속도가 느린

'허쉬 열차Hershey train'는 쿠바의 유일한 전기 열차로, 아바나와 마탄사스 사이를 운행한다. 제당 공장을 지나 푸르게 펼쳐진 들판을 달리는 이 기차는 당일치기 여행으로 좋다. 간식과 물을 준비해 허쉬 열차를 타고 마탄사스에 갔다가 돌아올 때는 버스를 타도록 하자!

【버스】

관광객들은 대부분 출발 전 언제나 리조트나 호텔, 게스트하우스에서 예약할 수 있는 투어버스로 쿠바를 여행한다. 이런 관광버스는 편안하지만 현지의 일반 버스보다 가격이 비싸다.

나라에서 운영하는 시외버스, 비아술Viazul은 시간표 시간에 맞추어 출발해 믿을 수 있다. 또한 편안하게 이용할 수 있으며, 화장실과 시원한 에어컨이 갖추어져 있다. 비아술은 주요 도시와 관광지를 잇는다. 아바나의 비아술 터미널은 아바나 시내에서 택시를 타고 갈 수 있다. 장거리 주행시 버스는 휴게소에 자주 정차하지만 개인용 간식과 물을 가지고 버스에 타는 것이 좋다. 휴게소에서는 볼일만 급히 보고 바로 다시 버스에 타도록 하자. 여유를 부리다간 자리를 빼앗길 수 있다.

쿠바 현지인들을 대상으로 하는 국영 버스 아스트로Astro도 있다. 아스트로는 쿠바 내 모든 마을에 정차하지만 격일로 운행하거나 한밤중에 출발하는 편이 많아 확인이 필요하다.

현지 버스는 요금이 아주 저렴하지만(페소로 요금 지불 가능), 사전 예약은 할 수 없다. 주 소속기업이 운영하는 현지 서비스도 많은데, 주의 경계에서 새 티켓을 사서 버스를 갈아타야 하는 경우도 종종 있다. 버스 터미널에는 일찍 도착하도록 하자. 도착하면 터미널 직원들이 당신의 이름을 대기표에 올리거나 번호표를 줄 것이다. 자칫 버스를 놓칠 수 있으니 돌아다니지 말고 자리에 앉아 버스가 출발하길 기다리는 것이 좋다. 버스 출발 시간을 고의로 잘못 알려주어 버스를 놓치게 만든 뒤 개인택시를 이용하게 하려는 사기도 있으니 주의하자.

【트럭】

모험을 즐긴다면 승객을 태울 수 있도록 개조한 개방형 트럭 camiones 도 재미있는 선택이다. 이 개방형 트럭은 불편하지만 요금이 저렴하고 상대적으로 빨리 주 사이를 이동할 수 있다. 도시마다 개방형 트럭의 출발장소가 있고, 트럭들은 일정에 따라 운행한다. (출발시간은 유동적인 편이다) 요금은 승차시 지불하며, 버스보다 훨씬 저렴하다. 현지인들을 만날 수 있는 정말 좋은 방법이다!

【장거리 택시】

장거리 택시는 기차역이나 주 사이에 있는 버스 터미널에서 탈 수 있다. 장거리 택시는 정해진 노선을 따라 운행하며(택시 차체에 노선을 써놓은 경우가 많다), 만차가 되어야 출발하기 때문에 기다려야 할 수 있다. 하지만 장거리 택시를 이용하면 버스 터미널에서 줄을 길게 서지 않아도 된다. 국영 CUC 택시colectivos 는 버스보다 빠르고 종종 저렴하기까지 하다. 국영 페소 택시 máquinas는 원래 외국인 탑승이 금지되어 있지만 타는 경우도 많다. 미터기가 설치된 택시라도 출발 전에는 반드시 가격을 협상하자.

【 렌터카 】

차를 임대하려면 21세 이상으로 유효 여권을 소지해야 하고, 유효한 운전면허증이나 국제면허증을 제시해야 한다. 현금으로 보증금을 내거나 미국 이외 국가에서 발행된 신용카드 복사본을 제출해야 한다. 쿠바에서 운영 중인 글로벌 렌터카 회사는 없지만, 쿠바의 렌터카 회사에서도 다른 나라와 똑같은 절차를 통해 차를 빌릴 수 있다. 출발하기 전에는 차량 외관의 모든 결함을 꼼꼼하게 살펴보고, 자동차 반납시 요금청구서에 예상치 못한 추가 요금이 부과될 수 있으니 청구서를 주의 깊게 살펴보도록 하자. 차량 도난이나 사고를 대비해 보험에 가입하는 것이 좋다. 임대 계약서를 분실할 경
우 벌금이 부과되며, 사고가 발생할 경우
에는 경찰 신고서denuncia를 받아 렌터카 회사
에 제출해야 보험 처리를 받을 수 있다.

주유는 세르비-쿠펫Servi-Cupet(보통 세르비스라고 함)이라는 주유
소에서 할 수 있다. 휘발유에는 특별 휘발유 '에스페시알especial'
과 보통 휘발유 '레굴라르regular'가 있는데, 외국인은 에스페시
알만 주유할 수 있다. 세르비스는 24시간 영업하며, 보통 마을
의 중심지 역할을 한다. 마을을 벗어나면 주유소가 거의 없기
때문에 쿠바 사람들은 트렁크에 기름통을 가지고 다닌다. 자
동차 여행시 제대로 된 지도는 필수다. 최고라고 할 수는 없지
만 '쿠바 관광지도Mapa Turístico de Cuba'는 주유소 위치가 표시되어
있어 편리하다.

연료가 부족해 대중교통 서비스가 제한되자, 쿠바 사람들
은 히치하이킹을 적극적으로 이용했다. 도시 중심가에서 벗어
난 교차로나 신호등, 철길에서는 아마릴로스amarillos라는 사람
들이 차를 세우고 목적지를 물어 교통수단이 필요한 사람들과
차를 연결시켜 준다. 이런 히치하이킹은 합법으로, 낯선 지역을
여행하는 외국인 운전자에게 유용할 수 있다. 히치하이킹으로

여행을 한다면 둘씩 짝을 지어 다니는 것이 좋다.

　도로 상태는 대체적으로 열악하다. 도로에 조명이 설치되지 않았기 때문에 밤 운전은 특히 더 위험하며, 깜깜한 밤길을 운전하다 개나 가축, 말, 조명을 달지 않은 자전거 심지어 기차와 부딪힐 수도 있으니 조심하자.

【 도로규칙 】

쿠바는 공식적으로 차선의 오른편을 주행하는 우측통행을 실시하고 있지만, 길 곳곳에 움푹 웅덩이가 파여 있는 시골 길에서는 이 규칙을 지킬 수 없는 경우가 많다. 제한속도는 도시 안의 경우 시속 50km, 개방도로는 시속 90km(일부 시속 60km), 고속도로autopistas는 시속 100~120km이다.

　쿠바 사람들은 제한속도를 준수하지만, 허용되는 최고 속도로 운전한다. 제한속도가 많이 높지 않아 다행인 대목이다. 속도위반시 즉석에서 벌금이 부과되며, 고속도로에는 보통 속도위반 단속 장치가 설치되어 있다. 안전벨트 착용에 관한 법은 없으며, 사실 렌터카가 아닌 일반 자동차에는 안전벨트가 없는 경우도 많다. 80mg/100ml 이상의 혈중알코올농도를 음주운전으로 규정하고 있으며, 외국인이 음주운전으로 적발될 경우 아주 무거운 벌금이 부과된다.

푼타 데 콘트롤punta de control이라는 경찰 검문소가 나타날 경우에는 반드시 멈추어 서야 한다. 큰 교차로에는 보통 경비병 초소가 세워져 있다. 빨간 테가 그려진 원 안에 빨간 역삼각형에 '파레pare'라고 쓰인 표지판은 '멈춤'을 의미하고, 노란 바탕에 빨간 역삼각형 안에 '세다 엘 파소ceda el paso'라고 쓰인 표지판은 '양보'를 의미한다. 국제 표준 도로 표지도 사용 중이나, 방향 표지판은 알아볼 수 없게 모호하거나 그마저도 없는 경우가 있다.

사고가 일어난 경우에는 사고가 난 위치에서 차를 절대 움직여서는 안 되며, 상대 차량도 움직이지 못하도록 해야 한다. 상대의 정보를 받은 뒤 교통경찰관에게 전화로 신고하자. 상대가 심각한 부상을 당하거나 사망한 경우에는 반드시 출신국 대사관에 연락을 취해야 한다. 당신이 사고 유책자인 경우, 쿠바 경찰은 당신이 쿠바를 떠나지 못하도록 여권을 압수할 것이다.

주차는 보통 무료지만, 일방통행도로의 경우에는 반드시 도로 왼편에만 주차해야 한다. 또 '조나 오피시알Zona Oficial'이라고 표시된 구역에 주차하면 차가 견인되니 조심하자. 대부분의 관광호텔은 주차할 수 있다. 밤새 거리에 주차해야 하는 경우, 호텔 경비원에게 차를 잘 지켜달라고 팁을 주는 것이 좋다.

【페리】

쿠바 남부 연안의 수리데로 데 바타바노에서는 페리와 수중익선을 타고 후벤투드 섬까지 이동할 수 있다. 쿠바나칸Cubanacán도 아바나-바라데로 노선에 최대 탑승인원 400명인 대형 쌍동선을 운행하고 있다. 피나르 델 리오와 카요 레비사를 연결하는 작은 페리들도 있다.


## 마을과 리조트 안 돌아다니기

쿠바의 도시는 보통 가로 도로인 칼레스calles와 세로 도로인 아베니다스avenidas가 교차하는 격자형으로 설계되어 있다. 도시마다 거리 이름, 숫자, 글자 등 저마다 다른 방식으로 거리를 표시하지만, 보통 일정 규칙을 따라 거리명을 짓기 때문에 길은 찾기 쉽다. 도시마다 플라자 혹은 파르퀘parque라고 부르는 중앙광장이 있다. 일부 거리는 1959년 혁명 전에 사용하던 이름과 혁명 후 새로 붙인 이름을 함께 표기해 헷갈리기도 한다. 현지인에게 길을 물으면 실제로 걸어야 할 시간보다 더 걸린다고 알려주는 경우가 대부분이니 유의하는 것이 좋다.

## 【 SNS에 자랑하면 좋을 교통수단 】

인스타그램이나 페이스북에 올리면 좋을 교통수단으로 달걀 모양에 세 좌석이 설치된 스쿠터, 코코택시coco-taxi가 있다. 자전 거로 끄는 인력거나 말이 끄는 택시도 요금은 비싸지만 SNS에 올리기에도, 도시를 둘러보기에도 좋은 수단이다.

## 【 택시 】

도시를 여행하는 가장 쉬운 방법은 택시를 이용하는 것이다. 택시에는 외국인용 택시(CUC로 요금 지불)와 쿠바 현지인이 이용 하는 택시(페소로 요금 지불)가 있다. 택시 승강장은 주요 호텔과

공항, 도시 내 주요 지점에서 쉽게 찾아볼 수 있으며, 전화로
부르거나 거리에서 손을 흔들어 잡을 수도 있다. 대부분 택시
에는 미터기가 설치되어 있지만 이렇게 받은 요금은 국고로 들
어가기 때문에, 많은 기사들이 미터기를 끄고 요금을 협상해
가길 제안한다. 그렇게 하면 요금을 기사 개인이 가질 수 있기
때문이다. 적정 요금을 모를 경우에는 미터기를 켜고 가자.

【버스】

과과스guaguas라 불리는 도시버스는 항상 만원이다. 실내는 덥
고 외국인의 경우 소매치기의 표적이 되기 쉽다. 버스는 정해

진 노선을 따라 운행하지만 가야 할 길을 알고 있어야 편하게 이용할 수 있다. 쿠바는 연료 부족 위기에 대처하는 방법으로 승객이 자전거를 들고 탈 수 있는 시클로버스ciclobus를 설계해 사용했다. 트럭이 끄는 낙타 모양의 대형 버스, 카멜로스camellos 는 이제 더 이상 아바나에서는 볼 수 없게 되었지만, 아바나 밖의 도시에서는 심심치 않게 목격된다. 도시버스 요금은 1페소가 채 안될 정도로 저렴하다. 아바나와 산티아고 데 쿠바, 시엔푸에고스에서는 해안 지역 내 이동을 돕는 워터버스, 란차스lanchas를 운행한다.

## 【 자전거와 오토바이 】

특별기간 동안에는 쿠바의 자전거 인구가 크게 늘었고, 중국

에서 피닉스, 플라잉 피전, 포에버 등 브랜드의 자전거를 100만 대나 수입했다. 현재 쿠바의 자전거 수는 자동차의 20배에 이를 정도로 많다. 어딜 가나 자전거 도로

가 잘 정비되어 있고, 자전거 타이어 수리점인 폰체라스poncheras도 쉽게 찾을 수 있다. 쿠바 사람들은 특유의 창의력으로 승객을 태우거나 물건을 실을 수 있도록 자전거를 개조해 '비시탁시bicitaxis'로 만들어 운행하고 있다.

자전거 대여점은 아바나 시내나 관광 안내소 주변이 아닌 이상 찾아보기 힘들다. 쿠바를 자전거로 여행할 계획이라면 개인용 헬멧과 자전거용 자물쇠, 사이클링 바지를 챙겨 와야 한다.

오토바이를 대여해주는 시설은 거의 없지만, 리조트 안에서는 스쿠터와 모터 달린 자전거를 쉽게 빌릴 수 있다.


## 숙박

혁명이 일어나기 전, 쿠바에는 세계 최고의 호텔들이 있어 할리우드 스타들과 전세기로 여행을 다니는 부자들이 모여들었다. 산토 트라피칸테 주니어와 메이어 랜스키 같은 마피아 보스들은 고급 카지노와 클럽, 나치오날 호텔과 아바나 리비에라 호텔 등 고급 호텔을 짓고 운영했다.

　이후 1990년대 일어난 외국 투자 붐 덕분에, 쿠바는 바라데로, 아바나, 아름다운 하르디네스 델 레이 열도에 속한 카요 코코, 카요 길레르모에 관광 인프라를 구축할 수 있었다. 스페인 멜리아 호텔체인은 1990년 바라데로에 1호점을 연 것을 시작으로 현재는 쿠바 전역에 27개 호텔을 운영하며, 명실상부 쿠바의 가장 중요한 관광 파트너가 되었다.

　낡았지만 아름다운 호텔과 식민지 시대 건축물들은 세계적인 수준으로 복원되고 있다. 쿠바는 많은 수입을 창출하는 외국인 관광객을 최고 우선순위로 삼고 있기 때문에 관광지에서는 단수나 정전이 훨씬 적게 일어난다.

쿠바의 호텔도 세계적으로 통용되는 5성으로 구분되지만, 그 기준은 상당히 다르다. 특히 낡은 리조트 호텔의 경우 더욱 그렇다. 성수기는 12월~3월, 7월~8월이다. 최근 쿠바가 인기 여행지로 각광받으면서 호텔을 예약하기가 쉽지 않으니, 미리미리 서둘러 예약하도록 하자. 비수기에도 마찬가지다. 호텔 예약 전, 조식이 포함되어 있는지도 확인하자. 과거 외국인만 리조트를 이용할 수 있었을 때는 가격 거품이 있었지만, 쿠바 현지인들도 리조트를 이용할 수 있게 된 요즘에는 그렇지 않다.

호텔의 좋은 대안으로 민간 게스트하우스(카사 파르티쿨라르)가 있다. 이런 게스트하우스 문에는 파란 삼각형 모양의 마크에 '방 빌려줌'이라는 뜻의 글귀 'Arrendador Inscripto'가 쓰인 스티커가 붙어 있어 쉽게 알아볼 수 있다. 게스트하우스가 납세자로 정식 등록되어 있는 경우 쿠바인 가족의 집에서 그들과 함께 합법적으로 묵을 수 있지만, 납세자로 등록하지 않은 불법 주택에서 묵을 경우 그 가족이 벌금을 물 수 있다.

최근에는 쿠바 전역에 정부의 승인을 받은 캠핑장이 우후죽순 생겨나고 있는데, 텐트보다는 통나무집으로 시설을 갖춘 곳이 더 많고, 대부분 수영장과 레스토랑을 갖추고 있다. 해변에서 자거나 들판에 텐트를 치는 것은 불법이다.

# 건강

쿠바 출입국관리소는 예방접종을 의무로 규정하고 있지 않다. 그러나 A형 간염과 장티푸스, 소아마비, 파상풍 예방접종은 하고 갈 것을 권장한다. 황열병이나 콜레라가 유행한 지역에서 왔거나, 거쳐 왔다면 예방접종 증명서를 가져와야 쿠바에 입국할 수 있다.

쿠바는 훌륭한 의료서비스로 유명한 나라지만, 외국인의 경우 국제병원이나 쿠바의 공공병원에서 진료를 무료로 받을 수 없기 때문에, 쿠바 정부는 관광객들에게 적절한 건강보험에 가입할 것을 강력하게 요구하고 있다.

아바나에는 외국인만을 대상으로 하는 씨로 가르시아 중앙병원Ciro García Central Clinic이 있고, 에르마노스 아메이헤이라스 Hermanos Ameijeiras 병원에도 외국인 전용 층이 있다. 외국인을 대상으로 한 국영 영리단체 세르비메드Servimed는 쿠바 전역에 많은 센터를 두고 운영 중이다. 일반 병원에서 외국인이 현지인보다 먼저 진료를 안내받는 경우가 종종 있는데, 이런 경우 병원에서는 현금으로 진료비를 결제할 것을 기대한다는 것을 기억하자. 국제 호텔에는 보통 당직 의사가 상주하고 있으며, 약국을 백반증, HIV 감염, 암 등의 치료에서 보인 괄목한 성과와 숙련된 의료진 덕분에 쿠바의 의료체계는 전 세계의 부러움을 사고 있다. 그 결과 많은 외국인들이 시술을 받기 위해 쿠바를 찾으면서 의료관광 붐이 일고 있다. 눈 수술, 물리치료, 코 수술이나 지방흡입 같은 미용시술 비용은 캐나다와 유럽, 미국보다 저렴해 인기가 높다. 알코올 중독과 약물 중독 치료센터도 아르헨티나의 유명 축구선수 디에고 마라도나 등 많은 유명 인사들이 찾고 있다. 일부 의료 시설이 5성급 호텔처럼 운영되면서 쿠바의 의료체계가 빈부에 따라 두 단계로 나뉘는 것은 아닌지 걱정하는 사람들도 있지만, 의료관광에서 오는 수입이 다시 재원을 충당할 것이라는 기대가 더 많다.

갖춘 곳도 많다.

일반적으로 쿠바 약국은 약품이 많이 부족하니, 쿠바에 올 때는 개인 상비약, 자외선 차단제, 화장품을 챙겨오는 것이 좋다. 국제 약국과 슈퍼마켓은 형편이 나은 편이지만, 모든 도시에 있는 것은 아니다. 약국에는 아침 8시에 문을 열어 오후 5시까지 영업하는 '투르노 레굴라르turno regular', 아침 8시에

문을 열어 밤 10시 반까지 영업하는 '투르노 에스페시알turno especial', 하루 24시간 영업하는 '투르노 페르마넨테turno permanente' 가 있다.

## 【흔한 질병】

외국인들이 가장 흔히 앓는 병은 설사로, 2~3일 안에 증세가 호전되는 것이 보통 이다. 만일 2~3일이 지났는데도 증세가 계속되고 열까지 동반된다면 병원에 가서  검사를 받는 것이 좋다. 오염된 물을 통해 전염되는 원생 기생 충인 편모충이 유행하고 있으니 물은 반드시 병에 든 생수나 끓인 물을 마시고, 거리에서 음식을 사 먹을 때는 눈앞에서 바로 조리된 음식만 먹도록 하자.

쿠바에서는 공중화장실을 찾기가 쉽지 않고, 있다 해도 상 태가 별로인 경우가 많으니 개인용 휴지와 물티슈를 챙겨가자. 쿠바 현지에서 사려면 많이 비싸다.

쿠바에서는 뜨거운 태양이 작열하는 밖으로 나가기 전, 강 력한 자외선 차단제를 발라 화상과 열사병에 대비하고 물을 많이 마셔 탈수를 막아야 한다. 살랑살랑 바람이 부는 해변에서나 구름이 많이 낀 날에도 자외선 차단제를 바르지 않으면 몇 시간 만에 화상을 입을 수 있다. 더운 날씨에도 불구하고 여름 감기에 걸리는 사람들이 종종 있다. 무더운 실외와 에어컨으로 추운 레스토랑 사이에 온도차가 크기 때문에 그런 경우가 많으므로 조심하자.

쿠바의 벌레들은 위험하기보다는 귀찮은 존재들이다. 쿠바에서는 방안을 기어다니는 무서운 벌레들과 방을 나누어 써야 하는데, 저렴한 호텔에 묵을 경우 특히 그렇다. 제일 귀찮은 것은 바로 모기다. 모기에 물린다고 말라리아에 걸리는 것은 아니지만, 윙윙거리는 모기 때문에 밤잠을 못 이루어 고생할 수 있다. 그러니 출발하기 전에 벌레 퇴치제를 챙기도록 하자. 캠핑을 할 생각이라면 모기장도 챙기는 것이 좋다.

레스토랑과 호텔, 버스 등 대중교통 안에서 간접흡연은 피하기 힘들다. 쿠바도 흡연을 제한하기 시작했지만 아직까지는 금연구역을 따로 둔 레스토랑은 찾기 힘들고, '금연' 표지판은 가뿐히 무시받기 일쑤다.

# **범죄**와 안전

쿠바는 카리브해와 남미의 이웃국가보다 강력범죄 발생률이 매우 낮은 편이지만, 관광객들이 소지한 현금을 뺏으려는 길거리의 행상꾼, 히네테로들이 귀찮게 구는 경우가 많다. 관광객들은 도시 내 관광명소, 인기 해변에서 소매치기나 경범죄를 조심해야 한다.

거리의 행상꾼들은 가짜 시가, 대마초 또는 성을 팔기 위해, 혹은 당신을 식당 팔라다르나, 숙박업소인 카사 파르티쿨라르에 데려가 수수료를 벌기 위해 끈질기게 따라붙는다. 하지만 경찰을 부르겠다고 위협하면 금방 사라지니 너무 걱정할 필요는 없다.

아바나는 치안이 좋아 걸어 다녀도 안전하다. 밤에도 안전하지만, 될 수 있으면 혼자 걷거나 조명이 어두운 거리를 걷는 일은 피하는 것이 좋다. 강도를 당했다면, 하늘색 셔츠에 파란색 바지를 입고 있는 쿠바 국가혁명경찰PNR에 신고해야 한다. 관광지에는 관광객들을 노리는 소매치기를 잡는 짙은 파란색 제복의 특별 경찰부대가 상주한다. 모든 경찰이 영어를 구사하는 것은 아님을 유의하자.

쿠바는 법으로 군사와 관련된 모든 것에 대한 사진 촬영을 금지하고 있다. 특히 공항에서 또는 비행기 이륙 후 쿠바 상공에서 사진을 찍는 것도 금지되어 있으니 각별히 조심하자. 정치 시위하는 모습을 찍는 것도 문제가 될 수 있다.

쿠바는 마약에 대해 무관용 정책을 펴고 있어, 대마초나 코카인을 가지고 있다가 발각되면 형량이 무겁고 강력하게 집행한다. 마약 밀수도 중형을 받을 수 있다.

포르노 소지 또는 제작도 중형으로 다스리고 있다. 미성년자(16세 이하)와 성 관계를 맺거나 성매매한 사실이 적발되어 기소당하면 오랜 시간 복역해야 한다는 것을 명심하자.

도난 사고를 당했을 경우, 보험처리를 받기 위해서는 사건 상세 내용과 도난 물품이 기재되어 있고 날짜와 날인이 찍힌 경찰 신고서denuncia를 받아야 한다. 아바나 경찰들은 다른 지역 경찰보다 외국 관광객을 상대한 경험이 풍부한 편이지만, 경찰서에서 오랜 시간 대기해야 할 수도 있으니 단단히 마음의 준비를 하고 가도록 하자.

범죄로 피해를 당했더라도 외국인을 대상으로 한 폭력범죄는 거의 없는 만큼, 다치지는 않을 것이다. 그렇다 하더라도 항상 조심하는 것이 좋다. 귀중품은 호텔 금고에 넣고 다니고, 잃어버려도 괜찮은 물건들만 가지고 나가자.

# 08

## 쿠바에서
## 사업하기

쿠바에서 사업을 한다면 쿠바 정부와 거래할 확률이 높다. 여전히 경제의 대부분은 국가가
통제하고 있고, 전체 경제 중 극히 작은 비중만을 차지하고 있는 민간 부문도 정부가 승인한
민간기업의 201개 범주에 속하는 소규모 가족기업들이 절대 다수를 차지하고 있다.

## 쿠바의 경제 환경

쿠바는 일당 독재체제 국가로, 경제도 국가가 중앙에서 통제하고 있다. 일반인의 경영이 허락된 소규모 민간기업을 제외한 모든 사업은 국가의 승인을 받아야 하며, 국유 독점기업과 합작 형태를 취해야 쿠바에 진출할 수 있다. 이런 국유 독점기업 중 다수는 쿠바 혁명군이 지휘하는 쿠바의 대표 국영기업인 '가에사GAESA' 소속이다. 쿠바 정부의 통계에 따르면 쿠바 전체 노동인구의 70%는 국가에 고용되어 있고, 약 25%는 자영업을 운영하며 나머지 5%는 실업 상태라고 한다.

쿠바에는 세계 최정상급의 제약 산업과 생명공학 산업이 있고, 니켈과 코발트 등 광물자원도 풍부하며 관광업도 호황을 누리고 있다. 중국, 캐나다, 베네수엘라, 스페인, 이탈리아, 프랑스, 영국, 멕시코 등 세계 여러 국가의 기업들이 쿠바의 에너지, 금융, 광업, 제조업, IT, 관광에 활발하게 투자하고 있고, 쿠바 정부도 이 부문뿐 아니라 다른 부문에도 외국 투자를 받기 위해 노력하고 있다.

오늘날 쿠바는 세계의 많은 나라와 교역을 진행하고 있다. 특히 2015년 미국과 쿠바의 관계가 역사적 해빙기에 들어서면서 식품, 농업, 통신 등 분야에서 대미 교역이 늘어날 수 있게 되었다. 하지만 미국의 금수조치는 아직 완전히 철폐되지 않았고, 많은 제한조치가 여전히 시행 중이다.

한편 쿠바 정부의 주요 경제계획 중 하나로 마리엘 경제특구를 들 수 있다. 쿠바 정부가 브라질의 오데브레히트Odebrecht 그룹과 합작으로 마리엘 항구에 건설한 초대형 컨테이너 터미널인 이 경제특구는 아바나에서 45km 떨어진 곳에 위치해 있으며, 그 면적이 466.2km$^2$에 달한다. 쿠바 정부는 이 특구에 조립공장이나 경공업, 쿠바로 수입되는 물건 또는 미국과 남미로 수출하는 물건을 보관하는 물류 창고를 세우는 외국 업체들에게 세금특혜를 주고 있다. 2014년 개항한 마리엘 컨테이너 항구는 수퍼 파나막스급의 컨테이너도 수용할 수 있는 규모를 자랑하며, 싱가포르의 항만 운영사인 PSA 인터내셔널이 운영하고 있다.

쿠바 정부는 매년 11월에 열리는 아바나 국제박람회FIHAV, 5월에 열리는 국제 관광박람회FITCuba 등 다양한 국제 무역박람회를 개최하며 적극적으로 해외투자를 유치하고 있다. 하지만 쿠바는 여전히 해외 기업들이 간단히 진출해서 틈새시장을 찾아내 수익을 창출할 수 있는 나라는 아니다. 조만간 아바나의 대로에 맥도날드가 들어설 것이라는 기대는 접는 것이 좋다(상표는 쿠바에 등록되어 있지만 말이다).

쿠바는 아주 신중하고 점진적으로 경제 개혁을 추진하고 있고, 외국 기업과의 합작에 관한 법률과 규제가 바뀔 수는 있지만 뭇 사람들이 예상하는 대로 바뀔 것이라고 보장할 수는 없다. 빠른 시일 안에 일확천금을 벌겠다는 생각으로 쿠바 진출을 모색한다면 아무런 수확도 얻지 못할 공산이 크다. 쿠바 진출에서 중요한 것은 쿠바의 요구조건과 쿠바식 속도에 맞추어 쿠바 정부와 장기적으로 상당 규모의 사업을 진행하는 것이다. 그리고 장기적 관계를 구축하는 데는 상당한 인내심과 의지가 필요할 것이다.

## 비즈니스 파트너로서의 쿠바

오늘날 쿠바는 경제의 전 부문을 개방하기보다는 전략 부문의 대형 프로젝트를 소수 진행하는 것을 선호하는 듯 보인다. 하지만 우선순위는 계속해서 바뀌고 있고 새로운 기회도 계속해서 생겨나고 있다. 의료관광과 외국인 대상 병원에 필요한 첨단기기 분야가 좋은 예다. 비즈니스 파트너로서 쿠바는 다른 개발도상국에 비해 많은 부분에서 뛰어나다. 먼저 높은 교육 수준으로 관련 지식과 기술을 갖춘 노동력이 있어, 필요한 기술을 신속하게 이해할 수 있다. 산업 인프라도 적절하게 갖추어져 있어 향후 갱신이 용이하며, 사회가 안정되어 있는 것도 장점이다. 대체적으로 범죄율이 낮아 외국인이 활동하기에도 안전하다. 무엇보다도 역사를 통틀어 늘 그래왔듯 미국과 남미 사이에 자리 잡아 전략적 위치가 탁월하다.

또한 쿠바 정부는 부패도가 낮고 청렴하다. 공무원에게 뇌물을 주는 행위는 잠재적 투자자에게 득이 아닌 실로 돌아올 확률이 높다. 전 세계의 부패 정도를 모니터링하고 있는 국제투명성기구는 2014년 발표한 부패지수에서 쿠바를 전 세계 63위, 남미 6위로 꼽았다. 이는 칠레와 우루과이보다는 순위가 낮고 페루와 파나마보다는 높은 수준이다.

　마지막으로 미국의 금수조치로 인해 미국의 다국적 기업과 중소기업은 쿠바 진출이 금지되어 있어, 미국 외 국가의 기업들이 다른 남미국가에서는 누리지 못하는 경쟁우위를 점할 수 있다.


## 정부와 사업

쿠바에서 사업을 한다면 쿠바 정부와 거래할 확률이 높다. 여전히 경제의 대부분은 국가가 통제하고 있고, 전체 경제 중 극히 비중이 작은 민간 부문도 정부가 승인한 민간기업의 201개 범주에 속하는, 소규모 가족기업들이 절대 다수를 차지하고 있다. 외국 기업은 합작투자를 하거나 쿠바 정부기관과 '합작회사empresa mixta'를 세울 수 있다. 이 경우 해당 '합작회사'와 관련 정부기관의 관계를 정확히 파악해야 한다.

　외국 기업과의 합작투자에서 생긴 수익은 정부가 보조하는 식품, 대중교통, 교육, 의료 등 사회복지에 재투자된다. 외국인 기업가로서 사업을 제안할 때는 이 사업이 쿠바인들에게 미칠 실질적 혜택, 즉 일자리 창출과 세금납부, 경제성장 등을 강조하는 것이 중요하다. 또한 쿠바는 환경보호와 지속가능한 발전을 위해 노력하는 기업가를 환영한다.

쿠바의 투자유치기관인 프로쿠바<sup>ProCuba</sup>와 외국인 투자, 경제협력부<sup>MINVEC</sup> 소속의 투자촉진센터는 쿠바 내 사업 기회에 관한 안내책자를 발간하고, 아바나 국제박람회와 같은 무역행사를 주최하고 있다.

## 관련 법체계

쿠바는 법으로 의료, 교육, 군대를 제외한 모든 경제 부문을 외국 투자에 개방한다고 선언하고 있다. 하지만 동시에 이 법은 모든 합작회사는 '쿠바의 주권과 독립, 자연보호와 천연자원의 합리적 사용을 존중하며' 쿠바의 지속가능한 사회적·경제적 성장에 기여해야 한다고 규정하고 있다. 쿠바에 합작회사를 세우는 경우, 일부 기술직과 관리직을 제외하고는 쿠바의 현지인을 채용해야 하는데, 합작회사가 직접 고용할 수는 없고 반드시 쿠바 정부가 운영하는 직업알선소를 통해 고용해야 한다. 쿠바의 자유무역지대와 공업단지에 있는 투자, 합작회사에서는 외국인 직원 고용을 제한하는 특정 법률도 있다.

투자는 그 규모와 외국 자본의 비중, 여타 요소에 따라 각료회의의 집행위원회나 위원회가 지정한 정부 위원단의 승인을 받아야 한다.

합작회사는 수익세 30%, 노동세 11%, 사회보험부담금 14%를 부담해야 하지만 일부 세금을 감면 받을 수 있다. 자유무역지대는 수입품 또는 수출품에 대해서 세금을 전면 감면해주는 진보적인 세금 정책을 택하고 있으며, 세금감면 기간도 시행하고 있다. 외국 기업은 쿠바에서 번 수익을 아무런 제한 없이 본국으로 송금할 수 있다.


## 노동력

근 40년 동안 쿠바인들은 평생 일자리를 보장받았다. 하지만 1990년대 특별기간 동안 정부는 재정적으로 어려움을 타개하기 위해 수많은 인력을 해고해야 했다. 이 기간 동안 높아진 실업률에 대처하기 위해 정부는 2011년, 자영업 등 다양한 형태의 일자리를 승인했다. 공무원 감축을 또 다른 형태의 정리해고로 비판하는 시각도 있었다. 쿠바 정부의 공식 통계는 없지만, 외부 출처에 따르면 2013년에 쿠바의 실업률은 2.5~4.1%였다고 한다.

## 비즈니스 우먼

쿠바 정부는 항상 법률과 정책을 통해 여성의 취업을 지원해 왔다. 2015년 쿠바의 공무원 중 40%가 여성이었으며, 이중 66%는 중급·고급 기술직 혹은 전문직이었다. 쿠바의 양성평등 문화는 2014년 세계경제포럼이 발표한 '세계 성 격차 보고서'에도 잘 드러나 있다.
이 보고서에 따르면 쿠바의 양성평등 수준은 전 세계 중 30위, 라틴아메리카에서는 니카라과와 에콰도르에 이어 스페인과 매우 유사한 수준

으로 3위다.

쿠바는 대부분의 라틴아메리카 국가보다 훨씬 높은 수준의 양성평등을 이루었지만, 그럼에도 불구하고 고위직 임원 중 여성이 차지하는 비중은 3분의 1이 채 되지 않는다. 마찬가지로 쿠바 의회에서도 여성은 의석 중 45%를 차지하고 있지만 정부 고위직에 오른 여성은 소수에 불과하다.

## 노조

쿠바 내 노조의 개념은 캐나다나 유럽, 미국에서 생각하는 노조와 많이 다르다. 혁명 이후 쿠바 정부는 노동자의 이익과 고용주(정부)의 이익을 동일한 것으로 간주해 노조를 전면 개조했다. 그 결과 노조는 노동자의 착취를 막기 위한 단체라기보다는 전체 인구의 이익을 위해 경제 목표를 달성하고 정부 정책을 강화하는 단체가 되었다. 쿠바인들에게 노조는 공동체에 소속되고자 하는 사회적 욕구를 충족하는 통로이기도 하다.

공산당과 밀접하게 관련되어 있는 쿠바 노조연맹은 유일하게 정부의 인정을 받은 노조연맹이다. 쿠바 내 독립 노동자 연

합은 쿠바 정부가 독립 노조와 단체 교섭, 파업의 권리를 인정하지 않는다고 보고했다.


## 개인적 인간관계의 중요성

쿠바에서 성공적으로 사업적 관계를 맺기 위해서는 반드시 개인 대 개인의 인간관계가 선행되어야 하고, 당신과 대등한 관계에 있는 '상대'를 반드시 알아야 한다. 쿠바 사람들은 사업 관계를 만들기 위해 사회적이고 개인적인 투자를 한다는 사실을 기억하자. 신뢰를 바탕으로 한 우호적인 분위기는 합작이 순조롭게 진행되는 데 큰 도움이 된다.

하지만 상대 기업이 얼마나 우호적이고 열정적이든, 그들을 통제하는 것은 모호함투성인 관료체계라는 것을 기억하자. 쿠바 정부는 국가 경제를 살리기 위해 외국 기업을 유치하고 싶어 하지만, 동시에 그로 인해 정부 권한을 지나치게 빼앗길까 우려하고 있다. 또 민간기업 확대로 인해 생길 수 있는 사회적 불평등과 경제적 왜곡을 걱정하고 있다.

## **철저한** 준비

쿠바가 서구 사회에서 수십 년 동안 고립되었다가 이제야 외국 기업들에게 문을 열었지만, 그렇다고 해서 쿠바의 기업인들이 순진한 것만은 아니기 때문에 철저히 준비해야 한다. 쿠바에 대한 정부의 공식 통계가 항상 정확한 것은 아니고, 쿠바에 대한 왜곡된 정보가 만연한 것도 사실이나, 당신이 이 나라에 대해 조사를 해간다면 쿠바 사람들은 이를 매우 흐뭇하게 생각할 것이다. 또한 쿠바 사람들은 그들의 역사와 문화에 민감하다는 것을 기억하자.

쿠바에서 사업을 하고 싶다면, 먼저 목표로 하고 있는 틈새시장과 파트너, 가격 전략에 대해 철저하게 시장조사를 해야 한다. 또 쿠바로 떠나기 전에는 쿠바에서 연락할 상대를 미리 확보해놓아야 한다.

너무 걱정할 필요는 없다. 쿠바에 주재하는 자국의 대사관이 투자와 수입에 관한 최신 정보를 제공해줄 것이고, 쿠바의 외국인 투자, 경제협력부MINVEC와 기타 기관이 당신에게 맞는 상대 회사를 찾을 수 있도록 도와줄 것이다. 하지만 경제상황이 호전되면서 쿠바 정부도 좀 더 깐깐하게 외국 파트너를 선택하고 있다는 것을 명심하자.

또한 사업상 연락은 반드시 공식적인 경로를 통해야 한다. MINVEC와 자국에 주재하는 쿠바 대사관 소속 경제 고문, 쿠바에 주재하는 자국 대사관을 통하지 않고는 그 어떤 회의도 계획할 수 없다. 이 세 연락처는 쿠바에서 사업을 하는 데 필수인 상무 비자를 받기 위해서도 필요하다. 또 이들은 쿠바의 일반적인 사업 환경과 당신이 속한 분야의 숨은 기회들을 간략하게 알려줄 것이다.

쿠바에 진출하는 데 가장 좋은 시작점은 적절한 기관에서 주최한 무역대표단에 참여하는 것이다. 상공회의소는 무역대표단에 참여한 각 개인이 해당 분야에 관련인사들을 만날 수 있도록 맞춤형으로 일정을 짜준다. 무역대표단에 참여하게 된다면 자국에 주재하는 쿠바 대사관의 경제고문을 만나게 될 것이다.

사업상 논의를 진행할 정도의 정부기관 대표라면 영어를 유창하게 구사하겠지만, 당신이 스페인어를 약간 할 줄 안다면 상대가 고마워하는 것은 물론 당신에게도 도움이 될 것이다.

## 제안하기

합작할 회사를 파악한 다음 해야 할 일은 사업계획과 가능성을 분석해 이를 토대로 제안서를 작성해 MINVEC에 제출하는 것이다. 탄탄한 중  기 사업전략과 가용할 수 있는 자원, 계획을 철저히 수행하겠다는 의지를 피력한다면 성공할 확률이 높아질 것이다. 제안을 할 때는 반드시 회사와 대표, 회계 감사 재무재표 등 법적 서류를 함께 제출해야 한다. MINVEC에 접수된 제안서는 추천 여부를 결정한 후, 추천을 받으면 승인된다.


## 회의

회의 시간은 반드시 엄수해야 한다. 쿠바 사람들이 평소 시간을 잘 지키지 않는다는 이야기를 들었다 하더라도, 회의에 늦는다면 좋은 인상을 주지 못할 것은 분명하다. 격식을 차려 옷을 갖추어 입을 필요는 없지만, 보통 여성들이 남성들보다 옷을 신경 써서 입는다는 사실을 기억하자.

회의는 다양한 스타일로 화기애애한 분위기 속에서 효율적으로 이루어진다. 회의에 참여하는 이들의 직급에 따라 의전도 달라진다. 최고위 직급이 참여하는 경우, 짧은 프레젠테이션이나 연설이 있을 수 있다. 외국인들은 쿠바 쪽에서 참여하는 회의 인원에 놀랄 수 있다. 30명까지도 회의에 참석한다고 하는데, 실상 논의할 프로젝트와 관련된 사람들이 모두 모이기 때문이다. 하지만 30명 중 단 두세 명만 발언한다. 이런 회의 방식은 비효율적으로 보일 수 있지만 투명성을 높이는 데는 확실히 도움이 된다.

이보다 규모가 작은 회의는 커피나 럼을 마시며, 어색한 분위기를 깨는 대화를 나누는 것으로 시작한다. 참석자들이 서로 명함을 교환하며, 서로를 알아가는 시간을 갖기 때문에 회의 시간이 길어질 수 있다. 회의를 빨리 진행하기 위해 아무리 노력해도 바람대로 되지는 않을 테니, 인내심을 발휘하자.

쿠바 사람들은 사람을 만나 이야기할 때 직설적인 화법을 사용하고, 상대를 똑바로 바라보며 이야기한다. 그러니 대화 중에는 상대와 눈을 맞추도록 노력하자. 공식적인 자리라면 더욱 그렇다.

점심을 대접할 때는 지나치게 사치스러운 메뉴는 좋지 않다.

## 협상

한두 번의 방문으로 계약서를 완성할 수 있을 거라는 기대는 처음부터 하지 않는 것이 좋다. 중앙정부의 통제가 심하고 규제가 많기 때문에 사실 협상에서 조율할 수 있는 항목이 많지 않다. 하지만 최근 정부가 만성적으로 경화가 부족한 문제를 해결하고 사용할 수 있는 금융 옵션을 확대하기 위해, 전략 부문에서 융통성을 크게 발휘하는 사례가 속속 생겨나고 있으니 알아보자.

당신의 제안에 의사결정 권한을 가지고 있는 개인을 집중 공략하라. 쿠바에서는 유럽과 북미와는 달리 로비가 아닌 개인적인 신뢰를 바탕으로 만들어진 관계가 의사결정에 영향을 미칠 수 있다. 쿠바에서 사업을 시작하는 데 시간이 많이 걸리는 또 다른 이유다.

## **의사결정**과 후속조치

국유기업에서의 의사결정은 어쩔 수 없이 정부 결제를 여러 단계 거쳐야 한다. 이는 최종 승인을 내리는 단 한 명의 최고 의사결정자(과도한 업무량에 시달리느라 승인 절차를 지연시키는 결정권자)가 없다는 뜻이 아니라, 여러 정부부처와 기업 내 수많은 사람들의 의견을 수집하고 조율해서 의사결정을 내린다는 뜻이다. 결제선은 프로젝트 규모와 전략적 중요성, 관련 인사들의 의견 차이 정도에 따라 정해진다. 공무원 수가 많이 줄었지만 그렇다고 그만큼 관료주의가 없어진 것은 아니다. 프로젝트에 따라 제안부터 최종승인을 받기까지 1년이나 걸릴 수 있다는 점을 명심하자.

한편 쿠바 기업들은 서신과 팩스를 보내거나 전화를 하는 경우 상대의 답신을 기대한다. 만약 당신이 답신을 보내지 않는다면 쿠바 쪽 회사에서 프로젝트를 중도에 포기할 가능성이 크다. 쿠바 측과의 의사소통은 쉽지 않지만, 지속적으로 연락을 취하고 관계를 유지하는 것은 중요하다. 또 관계와 사업을 계속해서 진행시키고자 하는 의지와 인내심이야말로 기본 중 기본이다.

# 계약

합작기업의 운영 중 많은 부분이 계약 단계에서 결정되므로, 정확하고 투명하게 계약을 체결하는 것이 좋다. 계약 체결에는 쿠바의 상법을 잘 아는 변호사가 필요한데, 쿠바에서 활동하는 독립 변호사에게 문의하거나 쿠바에 지사를 두고 있는 유럽의 법률 사무소에 조언을 구할 수 있다. 쿠바인들은 다른 나라 사람들보다 법을 잘 준수하며, 애매한 내용에는 절대 법적 계약서를 체결하지 않는다. 이런 면에서 쿠바의 비즈니스 문화는 남미보다 북미나 미국에 더 가깝다고 볼 수 있다.

합작회사 설립이 일방적으로 지연되는 경우, 비용초과나 정부정책 변화, 기타 계약이행에 장애가 되는 상황에 대한 보상조항, 만일의 사태에 대비한 조항이 확실히 규정되었는지 다시 한 번 확인하자.

## 분쟁 해결

계약이나 비용 지불에 대한 의견 충돌이 있을 경우, 문제 발생

즉시 이를 해결하려 노력하는 것이 가장 좋다. 쿠바에서의 계약 위반소송은 시간이 많이 소요되는 힘든 과정이기 때문에 현지에서 법률상담을 받는 것이 매우 중요하다. 분쟁을 피하는 가장 좋은 방법은 비즈니스 파트너와 꾸준히 연락을 주고받아 끈끈한 관계를 맺고 분쟁이 일어나기 전에 문제를 파악하는 것이다. 이는 쿠바의 비즈니스 파트너와는 미국이나 영국 파트너보다 더 밀접한 관계를 맺어야 하며, 더 많은 시간을 들여야 한다는 것을 의미한다.

# 09

## 의사소통

재치 넘치고 유쾌하며, 풍자를 좋아하는 쿠바인들은 정치적, 경제적으로 어려웠던 시기를 '쵸테오'라고 부르는 농담으로 견뎌왔다. 쿠바 사람들은 재기 넘치는 말장난을 좋아하며, 사람과 사물에 창의적인 별명을 즐겨 붙여준다. '쵸테오'는 일상에 대한 논평이자 좌절을 표출하는 안전한 배출구다.

# 언어

쿠바를 찾은 외국인들은 호텔과 리조트에서 만나는 쿠바 사람들은 영어를 잘하지만, 거리에서 만나는 사람들은 그렇지 못하다는 사실에 놀란다. 그러니 출발하기 전에 간단한 스페인어 문장을 연습하고, 간단한 상용 회화집이나 사전을 챙겨가자. 스페인어를 조금만 알아도 가게에서 물건을 사거나 유명 관광지가 아닌 곳을 여행할 때 큰 도움이 될 것이다.

이방인이 스페인어로 더듬더듬 말을 하려 노력하는 모습을 보이면 쿠바 사람들은 그 노력에 고마워할 것이고, 쿠바식 스페인어를 한두 마디 구사하기라도 하면 환한 미소로 화답할 것이다. 쿠바식 스페인어는 은어와 속어를 많이 섞어 쓰는 특징이 있고, 아바나 사람들은 말하는 속도가 매우 빠르다. 또 쿠바 사람들은 자음을 발음하지 않고 삼키는 경향이 있다. 쿠바 노래 중 클래식 〈손 쿠바노 son cubano〉나 모던 레게 노래를 찾아 듣고 가사를 몇 구절 배워가는 것도 쿠바에 도착하기 전 쿠바식 스페인어의 리듬에 익숙해지는 좋은 방법이다.

## • 쿠바 사람처럼 말하기 •

쿠바식 단어

- **아바**(jaba)  가방

- **아마**(jama)  음식, '먹다'는 동사는 '아마르(jamar)'로, '배고파요! 밥 먹으러 가요'는 '텐고 암브레! 바모스 아 아마르(Tengo hambre! Vamos a jamar)'라고 하면 된다.

- **페페**(pepe)  모든 국적의 외국인

- **핀차**(pincha)  일자리. '일하다'는 동사는 '핀차르(pinchar)'로, '나는 일하러 가요'는 '메 보이 아 라 핀차(Me voy a la pincha)'라고 말한다.

- **유마**(yuma)  미국인. 라 유마(la Yuma)라고도 한다. '내 사촌은 미국에서 살고 있어요'는 '미 프리모 비베 엔 라 유마(Mi primo vive en la Yuma)'라고 말한다. '거기 외국인, 여기로 오세요!'는 '오예, 유마, 벤 아카(Oye, Yuma, Ven aca)'라고 하는데 이처럼 모든 국적의 외국인을 지칭하기도 한다. 스페인어로 외국인을 뜻하는 그링고(Gringo)에 상응하는 단어인 '유마'는 쿠바에서만 쓰는 표현으로, 쿠바 혁명이 일어나기 전인 1957년에 발표된 글렌 포드 주연의 할리우드 영화 〈결단의 3:10(3:10 to Yuma)〉이 큰 인기를 끌며 널리 퍼졌

다. 여전히 쿠바 곳곳에는 '양키는 집에 가라' 등 반제국주의 슬로건을 적은 벽화가 서 있지만, 쿠바 사람들 대부분은 미국인을 환영하며, 더 많은 미국인이 쿠바 땅을 찾길 바라고 있다.

## 아프리카에서 유래된 쿠바어

아프리카 나이지리아의 남동부에 거주하는 에피크족의 언어에서 온 아세레(Asére)는 원래 '나는 네게 인사한다'는 뜻이었지만, 지금은 '친한 친구'라는 뜻으로 사용한다. '안녕, 친구?'라는 뜻인 '퀘 볼라, 아세레(Qué bola, asére)?'라고 인사하는 것을 흔히 들을 수 있다. '뛰어난, 멋진'이라는 뜻인 체베레(Chévere)도 에피크어에서 왔다.

## 영어에서 유래된 쿠바어

- **비스네로**(bisnero)　비즈니스맨, 기업가 또는 거리행상꾼

- **블루머**(blumer)　팬티

- **초핀**(chopin)　쇼핑에서 유래했으며 CUC로 결제하는 상점을 가리킨다. '관광객 대상 상점에 가자'라고 말하고 싶을 땐 '바모스 알 초핀!(Vamos al chopin!)' 이라고 말하면 된다.

- **초르**(chor)　반바지(shorts)

- **초레스**(chores)  반바지

- **프리지**(frig)  냉장고

- **폰체로**(ponchero)  펑크(puncture) 수리공

- **풀오버**(pulove)  티셔츠, 스웨터

- **퀘이크**(queik)  케이크

- **테니스**(tenis)  스니커즈 운동화, 트레이닝 슈즈

- **인**(yin)  청바지

쿠바식 스페인어는 단어에서 's'를 생략해 발음하고 단어 끝의 'ado'를 삼켜 발음하는 카나리아 섬사람들의 영향을 많이 받았다. 또 's'를 혀를 내밀고 발음하는 스페인어 특유의 발음을 무시한다. 또 쿠바는 버스를 뜻하는 스페인어 '아우토부스autobús' 대신 카나리아 단어 '과과guagua'를 사용한다. 노예들을 통해 쿠바로 들어온 서아프리카 단어들은 아프로 쿠바 음악에 쓰이다가 지금은 일반적인 대화에서도 많이 사용한다. 1959년까지 미국은 쿠바에 지대한 영향을 미쳤고, 그 결과 브로더르

broder(형제), 베이스볼beisbol(야구), 프렌frén(친구) 같은 영어식 단어가 널리 쓰이고 있으며, 이런 '스펭글리시Spanglish'(스페인어와 영어를 조합한 단어)는 계속 확장되고 진화하고 있다.


## 서면 커뮤니케이션

서면 언어는 구어보다 더 정중하고 미사여구를 많이 사용한다. 일반적으로 스페인어 쓰기 법칙이 적용된다. 다른 문화와 마찬가지로 문자메시지나 메일에는 덜 정중하고 간결한 표현을 많이 사용한다.

다른 스페인어권 나라처럼 쿠바인의 이름에는 부모의 성 두 개가 모두 들어 있고, 여자는 결혼하면 본래 자기 이름에 남편의 성을 더한다. 예를 들어 '로잘리아 페레즈 로페즈'라는 여자가 '빅터 고메즈'라는 남자와 결혼한다면, '로잘리아 페레즈 로페즈 데 고메즈'라는 이름을 사용한다. 하지만 법적 문서에 서명할 때를 제외하고 평상시에는 계속해서 로잘리아 페레즈 로페즈라는 본명으로 서명하는 경우가 많다. 둘 사이에 태어난 딸은 '빅토리아 고메즈 페레즈'라는 이름을 갖게 된다. 쿠바의 공무원이 서류의 성명 입력란에 'SOA'라고 쓴다면 이는 '다른 성은 없음sin otro apellido'이라는 뜻이다.

## 호칭

쿠바 사람들은 1959년 혁명시 널리 쓰였던 호칭으로 우리말로 번역하면 '동지'에 해당하는 '콤파네로compañero' 혹은 '콤파네라compañera'를 여전히 즐겨 쓴다. 하지만 '콤파네로'는 서신의 머리말에는 쓰지 않으며, 잘 모르는 사람에게도 쓰지 않는다. 낯선 사람에게는 세뇨르Señor(영어 Mr에 해당), 세뇨라Señora(영어 Mrs에 해당), 세뇨리타Señorita(영어 Miss에 해당)를 쓴다. 각각은 Sr., Sra., Srta로 간략하게 표현하기도 한다. 'Estimado(a) señor(a)'는 '친해하는 ~님께'라는 표현이다. 상대를 무어라 불러야 할지 모를 경우에는 세뇨르, 세뇨라, 세뇨리타를 쓰고, 좀 더 친해진 다음에는 '콤파네로'나 '콤파네라'라는 표현을 쓰면 된다. 하지만 처음의 호칭이 어떻든 간에 쿠바 사람과는 곧 이름을 부르는 사이가 될 것이다. '세뇨르' 또는 '세뇨라'는 연장자에 대한 존경의 의미를 남고 있으며, 구식 표현인 '돈don/도나doña'도 종종 쓰인

다. (이름 앞에 붙여 돈 호세, 도나 조세피나 같이 사용)

말할 때나 글을 쓸 때나, 상대를 높여 지칭하는 '우스테드 usted'라는 대명사를 사용하면 실수를 피할 수 있다. 하지만 금방 상대를 친근하게 부르는 '투tú'를 사용하게 될 것이다. 실제로 많은 쿠바인들이 만나자마자 곧바로 '투'를 사용해 상대를 부른다. 상대가 당신을 '투'라고 불렀는데 '우스테드'라는 표현을 계속 사용할 경우, 일부러 상대를 무시한다는 뜻으로 간주되니 주의하자.


## 단도직입적인 표현방식

쿠바 사람들은 다른 이와 소통할 때 격식을 차리지 않고 직설적으로 말하며, '손동작'을 많이 곁들인다. 낯선 사람을 만났을 때도 의례적인 말이나 절차를 건너뛰고 단도직입적으로 요점만 말하며 친근하게 대한다.

전혀 모르는 사람이 당신을 '오예!Oye(어이! 여기!)'라고 큰 소리로 부르거나, 관심을 끌기 위해 소리를 내거나, '오예, 미 아모르Oye, mi amor(어이 내 사랑)', '오예, 과포Oye, guapo(어이, 멋쟁이)'라고 아첨하며 부르는 것도 자주 들을 수 있을 것이다. 쿠바에서는 무례한 일이 아니니 의연하게 대처하면 된다.

【 인사 】

정해진 법칙은 없지만, 남자들은 보통 악수하며 인사한다. 특히 사업상 만난 자리에서는 더욱 그렇다. 회의에 참석했을 때는 방안에 있는 모든 사람과 악수해야 한다. 여자들은 보통 볼에 가볍게 입을 맞추는 방식으로 인사한다. 상대를 잘 알지 못하는 경우도 마찬가지다. 쿠바 사람들은 상대와 친근한 방식으로 소통하는 것으로 유명하다. 남자들도 악수를 하다 곧 상대의 등을 두드리는 등 친근한 표현을 하는 것을 쉽게 볼 수 있을 것이다. 함께 알고 있는 친구 소개로 처음 만난 자리에서도 충분히 그럴 수 있다. 여자는 이성 친구를 만났을 때는 한두 번, 헤어질 때는 더 여러 번 볼에 입을 맞추어 인사한다.

【 보디랭귀지 】

쿠바 사람들은 다른 이와 신체접촉을 즐겨한다. 자신의 뜻을 전달하거나 상대에 대한 지지와 동감을 표현하거나, 입고 있는 옷을 칭찬할 때 상대를 만지는 경우가 많다. 언뜻 보기에 격하게 싸우고 있는 두 남자가 집게손가락으로 서로를 찌르고 있다면, 그건 다툼이 아니라 신발 가격을 흥정하고 있거나 야구 경기의 결과에 대해 이야기를 나누고 있는 것이다. 쿠바의 커플들은 거리 한복판에서 손을 잡거나 키스하거나 안는 등 공공장소에서도 스스럼없이 애정 표현을 하는 편이지만, 동성애자들이 다른 사람들의 눈앞에서 손을 잡거나 키스하는 광경은 여전히 보기 어렵다.

## 유머

재치 넘치고 유쾌하며, 풍자를 좋아하는 쿠바인들은 정치적, 경제적으로 어려웠던 시기를 '쵸테오'라고 부르는 농담으로 견뎌왔다. 쿠바 사람들은 재기 넘치는 말장난을 좋아하며, 사람과 사물에 창의적인 별명을 즐겨 붙여준다. '쵸테오'는 일상에 대한 논평이자 좌절을 표출하는 안전한 배출구다.

국가 지도자에 대한 농담은 문제를 가져올 소지가 있지만,

· 아바나식 유머 ·

"쿠바 사람들은 왜 단어 끝의 's'를 발음하지 않나요?"

"시간을 절약해 말레콘의 예쁜 아가씨들에게 수작을 걸기 위해서죠!"

굼뜨고 느린 관료주의나 형편없는 대중교통, 경제침체, 제한적이고 질 낮은 음식, 국가체제의 일반적 모순에 대해서는 아무런 제한 없이 농담을 주고받을 수 있다.


## 언론

쿠바의 모든 언론은 국가 소유로, 국가가 통제하며 정부 방침을 따른다. 쿠바 정부는 대중매체가 교육과 이념, 사회의식 형성에 강력한 도구라는 것을 공공연히 드러내왔다. 〈그란마〉의 한 외국 편집자는 혁명 언론의 역할은 혁명을 비판하는 것이 아니라 선전하는 것이라고 말했다. 쿠바의 도시와 마을 곳곳에 서 있는 광고판과 네온사인에는 혁명 구호만 가득할 뿐, 무언가를 팔려는 시도가 전혀 없다. 마찬가지로 쿠바의 국영언론에도 광고가 전혀 없다는 사실을 곧 눈치 채게 될 것이다.

### 【 TV와 라디오 】

쿠바에는 TV 채널이 다섯 개 있다. 가장 주요한 채널로는 쿠바비젼Cubavisión과 텔레레벨데Telerebelde, 2002년에 있었던 '이데아 전투Battle of Ideas' 결과 개국한 카날 에두카디보Canal Educativo를 들 수 있다. 이 채널들은 뉴스 프로그램뿐 아니라, 복싱, 야구, 축구 등 스포츠 경기 중계, 드라마, 오래된 미국의 TV 시리즈와 영화 등 다양한 프로그램을 방영한다. 쿠바 아티스트의 뮤직비디오나 라이브 콘서트, 민속음악이나 발레, 예술에 대한 다큐멘터리 등 문화 프로그램과 퀴즈 프로그램, 전문가들이 나와 정부 방침을 선전하는 시사 프로그램, 미국의 금수조치를 비난하고 혁명을 수호하는 다큐멘터리 등도 방영하고 있다.

다수의 호텔에는 위성 TV가 설치되어 있지만, 보통 쿠바 사람들은 위성 TV를 볼 수 없다. 이에 일부는 위성 방송 수신 안테나를 직접 달아 방송을 시청하기도 하고, '엘 파퀘테 세마날'이라는 공유 수단을 통해 미국 TV 프로그램을 다운로드 받기도 한다.

전국 라디오 방송국은 클래식 음악 전문 채널인 라디오 뮤지컬 나시오날Radio Musical Nacional과 뉴스 전문 채널인 라디오 렐로Radio Reloj 등 일곱 개가 있다. 공식적인 관광 방송국인 라디오 타이노Radio Taíno는 쿠바 음악은 물론 해외의 인기음악을 틀어주고, 앞으로 있을 쿠바의 각종 행사와 인기 식당, 나이트클럽을 소개해주는데, 대부분의 공공장소에서 이 방송국의 방송을 들을 수 있다.

쿠바의 많은 사람들 특히 아바나 부근에 사는 사람들은 미국 남 플로리다에서 송출되는 라디오 방송을 듣는다. 1985년, 쿠바의 망명자들이 카스트로와 사회주의에 반대하는 방송을 쿠바에 내보내기 위해 마이애미에 세운 라디오 마르티Radio Martí 방송이 대표적이다. 쿠바 정부는 이 전파를 방해하기 위해 끊임없이 노력했지만 완벽하게 차단하는 데 실패해 많은 사람들이 이 방송을 듣고 있다. 라디오 마르티의 TV 버전인 TV 마르티도 있지만, TV는 방해 전파를 뚫지 못해 시청하는 인구가 거의 없다.

## 【 신문과 잡지 】

쿠바 사람들은 전국지이자 공산당의 공식 기관지 〈그란마〉를 많이 읽는다. 거리의 가판에서도 〈그란마〉지는 빨리 사라진다. 외국인을 위한 주간지 〈그란마 인터네시오날Granma Internacional〉은 영어, 프랑스어, 독일어, 포르투갈어, 스페인어로 발간된다.

노동조합을 대표하는 〈트라바야도레스Trabajadores〉, 공산주의 청년동맹UKC의 〈후벤투드 레벨데Jeventud Rebelde〉 등도 있지만 쿠바의 모든 신문은 정부방침을 따르므로 색깔은 비슷하

다. 주별 신문도 있고, 격주로 발간되는 경제신문 〈옵시오네스 Opciones〉, 〈네고시오스 엔 쿠바Negocios en Cuba〉도 있다. 외국인이 가장 쉽게 접할 수 있는 것은 영어와 스페인어로 발간되는 주간 문화지 〈카르텔레라Cartelera〉다.

문화·시사 잡지 〈보헤미아Bohemia〉(1908년 발간), 영어와 스페인어로 혁명의 업적을 선전하는 격주지 〈프리스마Prisma〉, 유머잡지 〈팔란테Palante〉, 예술과 문학지 〈레볼루시온 이 쿨투라 Revolución y Cultura〉와 〈가세타 데 쿠바Gaceta de Cuba〉 등 다양한 잡지도 만나볼 수 있다.

해외 신문이나 잡지는 고급 호텔에서만 구할 수 있을 뿐, 시

## • 엘 파퀘테 세마날 •

쿠바에서 미국의 인기 TV 시리즈 〈브레이킹 배드〉와 인기 가수 테일러 스위프트의 최신 앨범, 인기 잡지 〈내셔널 지오그래픽〉을 즐길 수 있을까? 인터넷에 접근이 제한되어 있는 쿠바 사람들은 세계에 대한 궁금증을 해소하기 위해 기발한 방법을 찾아냈다. 오프라인 인터넷, '엘 파퀘테 세마날(el paquete semanal)'이 그것이다. 사람들은 대용량 이동식 하드에 최신 할리우드 영화와 음악, 미국 TV 시리즈, 다큐멘터리, 남미 드라마, 수백 가지 잡지, 컴퓨터 게임, 소프트웨어, 모바일 앱을 담아 공유한다. 테라바이트 용량의 파퀘테는 비싸기 때문에, 보통은 1~2CUC의 비용을 내고 그 일부만 다운로드 받아, 다운 받은 드라마와 영화 잡지를 친구나 이웃과 바꿔 보거나 판매한다. 최근에는 '파퀘테'에 팔라다르 같은 음식점이나 미용실에서 광고를 삽입하고 있으며, 신규 쿠바 잡지들은 파퀘테에 넣기 좋도록 PDF 형식으로 발간되고 있다. 앞으로 인터넷이 보급되면 파퀘테도 쓸모없어지겠지만, 현재는 많은 사람들에게 사랑을 받고 있다.

중에서는 구하기 힘들다. 쿠바 사람들은 비공식적으로 유통되는 '파퀘테 세마날'을 통해 외국 출판물을 다운로드 받는다.

# 전화

쿠바 전기통신의 일부는 여전히 1959년 이전의 체계를 바탕으로 하고 있으며, 새로운 통신 설비가 설치되기까지는 한참 시간이 더 걸릴 것이다. 드물기는 하지만 마을 전체나 주택 단지가 전화기 한 대를 함께 사용하거나, 전화 주인이 걸려온 전화의 주인공을 찾아 나서거나, 해외친척들에게 전화를 걸기 위해 사람들이 긴 줄을 서는 곳들이 여전히 존재한다. 휴대전화보다 일반전화 요금이 저렴하기 때문에 일반전화를 선호하며, 일반전화에서 휴대전화로 전화하면 받는 사람에게 요금이 부과된다. 아직도 교환원을 통해야만 국제전화를 걸 수 있는 곳도 있다.

공중전화를 이용하려면 선불 전화카드, 타르에타스 텔레포니카스tarjetas telefónicas가 있어야 한다. 선불 전화카드는 우체국이나 호텔에서 구입할 수 있으며, 공중전화로 직통 국제전화를 걸 수 있다. 호텔이나 국영통신회사 ETECSA에서 운영하는 텔레푼토Telepunto 전화 센터에서도 일반전화나 장거리 전화, 국제전화를 걸 수 있다.

## 【 휴대전화 】

휴대전화 시장은 2008년에 일반 쿠바인들에게 개방되었고, 2015년이 되자 일반전화보다 휴대전화를 소유한 인구가 더 많아졌다. 대표적인 통신사는 쿠바셀Cubacel로, 2G 이동통신 네트워크는 GSM900 방식을 사용한다. 안드로이드폰과 아이폰은 대부분 쿠바의 통신 네트워크를 사용할 수 있다. 휴대전화를 구입할 경제적 여유가 있는 사람들이나 잠금 해제된 휴대전화를 해외에서 보내줄 친척이 있는 사람들을 대상으로 한 휴대전화 시장이 커지고 있다.

일반적으로 캐나다와 유럽에서 온 관광객들은 자기 소유의

| 유용한 전화번호 |
| --- |
| 전화카드를 사용해 공중전화에서 쿠바 내 장거리 전화를 걸 때 **0 + 지역번호** |
| 교환원을 통한 장거리 전화 **00** |
| 교환원을 통한 수신자 부담 국제 전화 **09** |
| 전화카드를 사용해 공중전화에서 직통 국제전화를 걸 때 **119** |
| 호텔에서 전화걸 때 **88** |
| 전화번호 문의 **113** |
| 경찰 **116** |
| 앰뷸런스 **114 또는 118** |
| 화재신고 **115** |
| 단, 교환원이 영어를 못 할 수 있음 |

전화기를 사용할 수 있지만, 먼저 정말 사용할 수 있는지 통신사에 확인해야 한다. 보통 문자 메시지를 받는 것은 무료지만, 로밍 요금과 데이터 이용료는 터무니없이 비싸므로 유의하자. 쿠바에서 휴대전화를 임대하거나 현지 SIM 카드를 구입해 사용하는 것도 비용을 절약하는 좋은 방법이다. 선불 통신카드를 구입하면 휴대전화로 Wi-Fi 허브에 접속할 수 있다.

## 인터넷

2015년 6월까지 쿠바에서 인터넷 접속이 가능한 가구 수는 전체 가구의 단 5%로, 세계 최저의 인터넷 보급률을 보였다. 쿠바 사람들 중 블로그를 운영하거나 SNS로 소통하는 사람이 극히 적은 이유도 바로 여기에 있다.

대형 호텔의 경우 인터넷 접속이 가능하지만 시간당 요금이 4~12CUC로 비싼 편이고, 1990년대 많이 썼던 모뎀 연결 방식만큼 속도가 느리다. 호텔이 인터넷 서비스를 제공하지 않는다면 최고의 대안은 쿠바 전국의 인터넷을 독점하고 있는

ETECSA가 운영하는 텔레푼토 전화센터에서 인터넷에 접속하는 것이다. 주요 대도시에는 텔레푼토 센터가 있지만, 조금만 시골로 나가도 인터넷에 접속할 방법이 전혀 없기 때문에 친구나 가족에게 소식을 전하려면 전화를 걸거나 엽서를 보내야 한다.

2015년 6월에는 ETECSA가, 중국 통신회사 화웨이가 제공한 기술로 쿠바 전역에 35개의 Wi-Fi 핫스팟을 설치했다고 선언했다. Wi-Fi를 사용할 수 있는 휴대전화를 소유한 사람이라면 요금이 시간당 2CUC인 선불카드를 구입해 핫스팟을 이용할 수 있다. 2015년 11월에는 핫스팟 8개를 추가 설치했고, ETECSA는 향후 더 많은 Wi-Fi 핫스팟을 설치할 계획이다.

쿠바의 인터넷은 2011년 쿠바와 베네수엘라 사이에 ALBA-1 해저광섬유케이블을 설치하면서 확장되었다. 이 케이블은 2015년 들어 쿠바의 마을과 도시의 지상으로 연결되면서 위성통신을 대신했다.

오바마 대통령은 미국과 쿠바의 외교관계를 정상화한 뒤, 양국 간 IT산업과 통신사업을 허용하는 특별 조항을 발표했다. 검색엔진의 강자 구글이 쿠바에 협력을 제안했지만 쿠바 정부는 인터넷 통제권을 외국 기업에 넘겨주는 것에 대한 우려 때문에 C.U.B.A<sub></sub>Contenidos Unificados para Búsqueda Avanzada라는 자체 검색엔진을 만들려고 계획 중이다. 한편 일반 쿠바인들은 더 자유롭게 스카이프와 Wi-Fi, 광대역 인터넷을 사용할 수 있기를 고대하고 있다.


## 우편

우체국은 아침 8시부터 밤 10시까지 긴 시간 동안 영업하고, 주말에도 볼일을 보려는 사람들로 길게 줄이 늘어서 있다. 대형 호텔에서도 우표와 엽서를 판매하므로, 우체국 대신 호텔을 이용하면 시간을 절약할 수 있다.

쿠바의 우편 서비스는 대체로 느리지만, 우체국에서 우편물을 부치면 배송 시간을 단축할 수 있다. 해외 우편물은 반드시 아바나를 거치므로, 쿠바의 외진 곳에서 우편물을 부친다면 배송 시간에 넉넉히 일주일을 더해야 한다. 쿠바에서 부친 우편물은 북미까지는 열흘, 유럽까지는 3~4주의 시간이 걸려 도착한다. 종종 관광객에게 우편물을 외국으로 가져가서 부쳐달리고 부탁하는 쿠바 사람들도 있다. 급한 우편물이나 소포, 서류를 보내는 가장 안전하고 빠른 방법은 DHL 같은 국제 우편서비스를 사용하는 것으로, 국제 우편서비스는 쿠바 대도시에 모두 진출해 있다.

## 결론

처음 쿠바를 방문한 사람들에게 쿠바는 쉽게 즐길 수는 있어도 진정으로 이해하기는 어려운 나라다. 럼 칵테일과 수제 시가, 룸바 댄스, 혁명의 아이콘을 찾아 쿠바에 왔다면 실망할 일은 없을 것이다. 하지만 쿠바는 종종 예상을 벗어난다. 폐쇄적인 공산주의 국가를 기대하고 온 사람들은 쿠바 사람들이 조국에 대해 다양한 의견을 가지고 있는 것과 넘치게 많은 기업가들, 많게는 세 가지의 일을 하며 열심히 사는 사람들에게서 쿠바의 미래를 보고 놀랄 것이다.

2015년, 미국과 쿠바의 외교관계가 역사적 해빙기에 들어간 것도 쿠바 경제의 미래에 좋은 징조가 되고 있다. 미국의 금수조치 중 일부가 완화되면서 양국을 잇는 항공편이 증가했고, 앞으로는 크루즈 선을 타고 쿠바를 방문하는 미국인 관광객도 늘어날 것으로 전망한다.

하지만 우리가 앞서 살펴본 것처럼 문제도 있다. 많은 국제 기업들이 쿠바 진출을 꾀하는 가운데, 변화의 속도가 온전히 쿠바 정부가 어느 정도의 융통성과 자유를 허락할지에 달려 있기 때문이다. 지난 수십 년간, 쿠바 사람들은 많은 어려움을 겪었다. 하지만 이들은 여전히 조국과 지난했던 독립투쟁, 쿠바만의 특별한 언어, 엉덩이를 흔들게 만드는 열대의 쿠바 리듬에 엄청난 자부심을 가지고 있다.

쿠바 정부는 그 어떤 나라보다 의료와 교육, 스포츠, 문화에 주력하고 있다. 아바나에서 음악과 춤에 푹 빠진 현지인들에 둘러싸여 밤 발레공연을 즐긴다면, 이 나라가 이룬 것이 무엇인지 몸소 체험할 수 있을 것이다.

쿠바를 찾는 관광객이 늘어나고 미국과의 관계가 개선되고 있는 지금이야말로 이 특별한 섬을 방문할 최고의 시기다. 식민지 시대의 색깔이 진하게 남아 있는 도시와 아름다운 카리브 해변, 신록이 푸르른 쿠바의 시골을 경험해보자. 쿠바는 이전에는 없던 규모로 외국 관광객들에게 나라를 개방하고 있고, 이에 따라 쿠바 전역에 다양한 숙박시설이 많이 늘어나고 있디. 이제 쿠바에서는 태양 아래 바다를 즐기는 휴가나 문화

관광, 의료관광 이외에도 사이클링, 하이킹, 조류 관찰, 다이빙, 낚시 등 다양한 모험을 즐길 수 있다.

쿠바를 찾은 이유가 교육이든 휴가든 아니면 사업이든 간에 결코 지루할 새는 없을 것이다. 쿠바 사람들의 넘치는 열정과 창의성, 유머에 감동 받으며 평생 잊을 수 없는 시간을 가져보자.

# 참고문헌

## 역사, 정치, 사회

Anderson, Jon Lee. *Che Guevara: A Revolutionary Life*. New York: Grove Press, 2010 (revised ed.).

Castro, Fidel. *My Life. A Biography*. Cambridge and Malden, MA: Polity Press, 2004.

Chomsky, Aviva. *The Cuba Reader*. Durham: Duke University Press, 2004.

Gott, Richard. *Cuba: A New History*. New Haven & London: Yale University Press, 2004.

Guerra Vilaboy, Sergio, and Oscar Loyola Vega. *Cuba: A History*. Melbourne, Australia: Ocean Press, 2014.

Thomas, Hugh. *Cuba: A History*. London: Penguin, 2010.

## 여행기

Ferguson, Ted. *Blue Cuban Nights*. Chichester: Summersdale, 2002.

Hazard, Samuel. *Cuba with Pen & Pencil*. Oxford: Signal Books, 2007.

Murphy, Dervla. *The Island that Dared: Journeys in Cuba*. London: Eland, 2008.

Smith, Stephen. *Cuba: The Land of Miracles*. London: Little Brown Book Group, 2005.

## 미술과 문학

Acosta, Carlos. *Pig's Foot*. London, New Delhi, New York, Sydney: Bloomsbury, 2013.

Acosta, Carlos. *No Way Home: A Dancer's Journey from the Streets of Havana to the Stages of the World*. New York: Scribner, 2008.

Ades, Dawn. *Art in Latin America*. New Haven & London: Yale University Press, 1989.

Blair, Peggy. *Midnight in Havana*. Edinburgh: Polygon, 2013.

Greene Graham. *Our Man in Havana*. London: Penguin Classics, 2007.

Padura, Leon. *Havana Fever*. London: Bitter Lemon Press, 2009.

## 언어

*Spanish. A Complete Course*. New York: Living Language, 2005.

*In-Flight Spanish*. New York: Living Language, 2001.

*Fodor's Spanish for Travelers* (CD Package). New York: Living Language, 2005.

**지은이**

## 맨디 맥도날드

호주 출신의 작가 겸 연구원, 번역가로 현재 스코틀랜드에 거주하고 있다. 시드니대학교와 캠브리지대학교를 졸업했으며, 라틴 아메리카의 개발을 둘러싼 국제 문제와 성 평등이 전문 분야다. 쿠바에 살며 일한 경험을 바탕으로 쿠바와 중앙아메리카에 대한 많은 기사와 논문, 책을 썼다. 『Culture Smart! Belgium』(2005)와 『Simple Guides: Greek Philosophy』(2009)를 집필했다.

## 러셀 매딕스

BBC 출신 언론인이자 번역가, 여행 작가다. 영국의 헐대학교에서 경제와 사회사를 공부한 뒤, 근 20년을 남미와 중앙아메리카에서 살며 일하고 있다. 최근에는 BBC 모니터링의 지역 전문가로 활동 중이다. 스페인어를 자유자재로 구사하며, 쿠바 전국을 여행했다. 『Bradt Guide to Venezuela』(2011)와 『Culture Smart! Venezuela』(2012), 수상 경력에 빛나는 『Culture Smart! Ecuador』(2014)를 집필했다.

**옮긴이**

## 임소연

고려대학교 경영학과 졸업 후 이화여자대학교 통번역대학원을 졸업했다. 현재 번역에이전시 엔터스코리아에서 출판 기획, 전문 번역가로 활동하고 있다. 주요 역서로는 『세계 문화 여행_이탈리아』, 『세계 문화 여행_중국』, 『니체라면 어떻게 할까?』, 『그림으로 보는 세계의 뮤지컬』, 『100가지 상징으로 본 우주의 비밀』 등이 있다.